"中国企业社会责任报告编写指南(CASS—CSR3.0)"

系列丛书的出版得到了下列单位的大力支持：

（排名不分先后）


中国南方电网

中国华电集团公司

华润（集团）有限公司

三星（中国）投资有限公司


"中国企业社会责任报告编写指南（CASS—CSR3.0）之仓储

业指南"的出版得到了以下单位的大力支持：

（排名不分先后）


中国储备棉管理总公司

中储棉盐城有限公司

江苏悦达纺织集团有限公司

江苏银海农佳乐棉花仓储有限公司

中国供销集团南通国际棉花有限公司

# 中国企业社会责任报告编写指南3.0之仓储业指南

中国社会科学院经济学部企业社会责任研究中心
中国储备棉管理总公司

钟宏武 刘 华/顾问
汪 杰 赵建淑 徐晓宇 路浩玉 张 宓/等著

社会责任报告
全生命周期管理指南

经济管理出版社
ECONOMY & MANAGEMENT PUBLISHING HOUSE

图书在版编目（CIP）数据

中国企业社会责任报告编写指南 3.0 之仓储业指南/汪杰等著. —北京：经济管理出版社，
2014.12
ISBN 978-7-5096-3596-4

Ⅰ. ①中… Ⅱ. ①汪… Ⅲ. ①仓储企业—企业责任—社会责任—研究报告—写作—中国
Ⅳ. ①F253 ②H152.3

中国版本图书馆 CIP 数据核字（2014）第 312079 号

组稿编辑：陈　力
责任编辑：陈　力
责任印制：黄章平
责任校对：超　凡

出版发行：经济管理出版社
　　　　　（北京市海淀区北蜂窝 8 号中雅大厦 A 座 11 层　　100038）
网　　　址：www. E-mp. com. cn
电　　　话：（010）51915602
印　　　刷：三河市延风印装厂
经　　　销：新华书店
开　　　本：720mm×1000mm/16
印　　　张：10.75
字　　　数：181 千字
版　　　次：2015 年 1 月第 1 版　　2015 年 1 月第 1 次印刷
书　　　号：ISBN 978-7-5096-3596-4
定　　　价：68.00 元

# 《中国企业社会责任报告编写指南 3.0 之仓储业指南》专家组成员

## （按姓氏拼音排名）

顾　一（中国社会科学院经济学部企业社会责任研究中心助理研究员，项目秘书）

郭　毅（北京工商大学经济学院教授）

李岩杰（中国储备棉管理总公司综合部专员）

刘　华（中国储备棉管理总公司总法律顾问）

路浩玉（中国社会科学院经济学部企业社会责任研究中心助理研究员）

王　洪（中储棉盐城有限公司总经理）

汪　杰（中国社会科学院经济学部企业社会责任研究中心副主任）

徐晓宇（中国储备棉管理总公司综合部助理）

杨　军（中储棉盐城有限公司办公室主任）

张　蒽（中国社会科学院经济学部企业社会责任研究中心常务副主任）

翟利峰（中国社会科学院经济学部企业社会责任研究中心副主任）

张　宓（中国社会科学院经济学部企业社会责任研究中心助理研究员）

赵建淑（中国储备棉管理总公司综合部副部长）

钟宏武（中国社会科学院经济学部企业社会责任研究中心主任）

# 开启报告价值管理新纪元

透明时代的到来要求企业履行社会责任，及时准确地向利益相关方披露履行社会责任的信息。目前，发布社会责任报告已日益成为越来越多的企业深化履行社会责任、积极与利益相关方沟通的载体和渠道，这对于企业充分阐释社会责任理念、展现社会责任形象、体现社会责任价值具有重要的意义。作为中国第一本社会责任报告编写指南，指南的发展见证了我国企业社会责任从"懵懂发展"到"战略思考"的发展历程。2009年12月，中国社会科学院经济学部企业社会责任研究中心发布了《中国企业社会责任报告编写指南（CASS-CSR1.0)》(简称《指南1.0》)，当时很多企业对"什么是社会责任"、"什么是社会责任报告"、"社会责任报告应该包括哪些内容"还存在争议。所以《指南1.0》和《指南2.0》定位于"报告内容"，希望通过指南告诉使用者如何编写社会责任报告、社会责任报告应该披露哪些指标。指南的发布获得了企业的广泛认可和应用，2013年，参考指南编写社会责任报告的企业数量上升到了195家。

5年过去了，我国企业社会责任报告领域发生了深刻变革，企业社会责任报告的数量从2006年的32份发展到了2013年的1231份；报告编写质量明显提高，很多报告已经达到国际先进水平。同时，企业在对社会责任的内涵及社会责任报告的内容基本达成共识的基础上，开始思考如何发挥社会责任报告的综合价值，如何将社会责任工作向纵深推进。

为适应新时期新形势要求，进一步增强指南的国际性、行业性和工具性，中国社会科学院经济学部企业社会责任研究中心于2012年3月启动了《中国企业社会责任报告编写指南（CASS-CSR3.0)》(简称《指南3.0》)修编工作，在充分调研使用者意见和建议的基础上，对《指南3.0》进行了较大程度的创新。总体而言，与国内外其他社会责任倡议相比，《指南3.0》具有以下特点：

（1）首次提出社会责任报告"全生命周期管理"的概念。企业社会责任报告既是企业管理的工具，也是与外部利益相关方沟通的有效工具。《指南 3.0》定位于通过对社会责任报告进行全生命周期的管理，充分发挥报告在加强利益相关方沟通、提升企业社会责任管理水平方面的作用，可以最大限度发挥报告的综合价值。

（2）编制过程更加科学。只有行业协会、企业积极参与到《指南 3.0》的编写中，才能使《指南 3.0》更好地反映中国企业社会责任实际情况。在《指南 3.0》的修编过程中，为提升分行业指南的科学性和适用性，编委会采取"逐行业编制、逐行业发布"的模式，与行业代表性企业、行业协会进行合作，共同编制、发布分行业的编写指南，确保《指南 3.0》的科学性和实用性。

（3）适用对象更加广泛。目前，我国更多的中小企业越来越重视社会责任工作，如何引导中小企业社会责任发展也是指南修编的重要使命。《指南 3.0》对报告指标体系进行整理，同时为中小企业使用指南提供了更多的指导和工具。

（4）指标体系实质性更加突出。《指南 3.0》在编写过程中对指标体系进行了大幅整理，在指标体系中更加注重企业的法律责任和本质责任，将更多的指标转变为扩展指标，更加注重指标的"实质性"。

《中国企业社会责任报告编写指南（CASS-CSR3.0）》是我国企业社会责任发展的又一重大事件，相信它的推出，必将有助于提高我国企业社会责任信息披露的质量，有助于发挥社会责任报告的综合价值，也必将开启社会责任报告价值管理新纪元！

**2014 年 1 月**

# 目　录

**总 论 篇**

第一章　仓储业社会责任 ………………………………………… 3

一、仓储业在国民经济中的地位 ……………………………… 3

二、仓储业响应国家政策，履行社会责任 …………………… 4

三、仓储业社会责任特征及要求 ……………………………… 6

第二章　仓储业社会责任报告特征与趋势 …………………… 9

一、国际仓储业社会责任报告特征 …………………………… 9

二、国内仓储业社会责任报告特征 …………………………… 11

第三章　仓储业社会责任议题 ………………………………… 15

一、市场绩效（M 系列） ……………………………………… 15

二、社会绩效（S 系列） ……………………………………… 16

三、环境绩效（E 系列） ……………………………………… 17

**指 标 篇**

第四章　报告指标详解 ………………………………………… 21

一、报告前言（P 系列） ……………………………………… 21

二、责任管理（G 系列） ……………………………………… 33

三、市场绩效（M 系列） ……………………………………… 49

四、社会绩效（S 系列）·················································· 61

五、环境绩效（E 系列）·················································· 82

六、报告后记（A 系列）·················································· 90

**第五章　指标速查**·························································· 95

一、行业特征指标表（28 个）·········································· 95

二、核心指标表（108 个）·············································· 96

三、通用指标表（160 个）············································· 100

# 管 理 篇

**第六章　报告全生命周期管理**········································· 109

一、组织····································································· 110

二、参与····································································· 112

三、界定····································································· 116

四、启动····································································· 120

五、撰写····································································· 121

六、发布····································································· 123

七、反馈····································································· 124

**第七章　报告质量标准**··················································· 125

一、过程性·································································· 125

二、实质性·································································· 126

三、完整性·································································· 127

四、平衡性·································································· 128

五、可比性·································································· 129

六、可读性·································································· 129

七、创新性·································································· 130

# 案 例 篇

第八章　务工保农，责汇四方
　　　　——中国储备棉管理总公司 CSR 报告管理 …………… 135

一、中国储备棉管理总公司简介 ………………………… 135

二、履责历程 ……………………………………………… 137

三、责任报告 ……………………………………………… 138

四、报告管理 ……………………………………………… 139

五、评级报告 ……………………………………………… 144

附　录 ……………………………………………………… 147

一、主编机构 ……………………………………………… 147

二、支持单位 ……………………………………………… 151

三、参编机构 ……………………………………………… 152

四、2014 年已出版的分行业指南 3.0 …………………… 154

五、2015 年分行业指南 3.0 出版计划 …………………… 154

六、参考文献 ……………………………………………… 155

后　记 ……………………………………………………… 159

# 总 论 篇

# 第一章 仓储业社会责任

仓储是以满足供应链上下游的需求为目的，依托仓库设施，利用信息技术对货物存储、加工包装、分拣配送等进行有效计划、管理和执行的物流活动，是物流一体化运作和商品流通的重要环节。

传统仓储仅仅是指仓储企业按照客户要求从事的库存管理和库存控制等仓储业务。现代仓储则是在经济全球化与供应链一体化背景下的仓储，它的含义更为广泛，指以从事仓储业务为主，提供货物储存、保管、中转等传统仓储服务，同时能够提供流通领域的加工、组装、包装、商品配送、信息分析、质押监管融资等增值服务以及仓库基础设施的建设租赁等业务的仓储型物流企业的集群体。按照国民经济分类标准，仓储业主要包括谷物、棉花等农产品仓储和其他仓储。

## 一、仓储业在国民经济中的地位

随着我国社会经济的迅速发展，社会商品流通规模呈爆发式增长态势，快递、货运、仓储等物流环节纷纷加入前进的大军。仓储业既是物流经济中的重要组成部分，又支撑着商贸流通业的发展，它平衡着市场上的需求和供应，它的发展反映着一个国家特别是区域经济发展的水平。近年来，仓储业占国内生产总值的比重在不断上升，在整个经济运行中的地位不断提高，而它在需求结构中的位置，决定了其在国民经济中占有举足轻重的地位。具体表现在以下几个方面：

（1）仓储业是国民经济的基础产业。与铁路、公路、机场、港口的性质一样，仓库设施同属于物流的基础设施，没有仓库就不可能实现货物集结、存储与流转。建设仓库需要征用大量的土地（相对于住宅、写字楼，仓库的容积率较低，单位面积仓库所占用的土地相对较多），而土地又属于稀缺资源，因而如何合理利用土地资源、建设与国民经济需要相适应的仓库设施，不仅是企业经营行为，也是需要各级政府统筹规划的大事。

（2）仓储业是商品经济社会化大生产的基础。在社会化大生产的条件下，产品细分化，运销国内外，从生产者到消费者需要经历时间和空间的"距离"，要想实现交接，就需要有仓储这一环节来调节。仓储业的流通调节作用减少了成本，促进了生产和流通。只要商品经济继续发展，仓储业就会继续存在下去，并且随着规模的越来越大，其现代化程度也将越来越高。

（3）仓储业是现代物流的重要组成部分。仓储既是供应链一体化物流的核心环节，又是物流网络体系的节点，需要与运输业、货运代理业、快递业等有机结合才能更好地推动现代物流的发展。

（4）仓储业平衡市场中的供需关系。从市场经济的角度说，市场活动由需求和供给两个环节构成，当供给需求不平衡时，经济运行就会出现问题。由于地点、距离等空间因素以及季节时间因素，普遍存在生产的产品不能即时消费或者存在需求却没有产品满足的问题，这时候就需要仓储来平衡供需关系，实现市场的正常运转。

（5）仓储业是调整经济结构的重要手段。仓储物流业每增大 6 个百分点，就可以带动服务业增长 1 个百分点，仓储物流业的发展将极大地推动服务业的进步。

# 二、仓储业响应国家政策，履行社会责任

中共十八届三中全会对企业履行社会责任提出了明确要求。仓储业作为国民经济的重要组成部分，长期以来积极响应国家政策，努力承担社会责任，对经济、社会和环境的可持续发展具有十分重要的推动作用。

## （一）宏观层面——促进环境可持续发展

中共十八届三中全会提出紧紧围绕建设生态文明，推行节能量、碳排放权、排污权、水权交易制度，建立完整的生态文明制度体系，促进社会与自然和谐相

处。2013 年，国务院印发《大气污染防治行动计划》，国务院总理李克强主持召开国务院常务会议强力推动此项计划，中国政府向全世界承诺到 2020 年单位 GDP 碳排放比 2005 年降低 40%~45%。在这些政策文件中，要求服务行业在发展的同时注意履行环境责任。

仓储业履行环境责任就是以节约资源、环境保护与减少污染为原则，推动绿色仓储的发展。核心手段是节能环保，包括节地、节电、节水、节材，推广应用节能环保的仓储设备与技术等，最终达到减少碳排放的目的。

## （二）中观层面——促进产业可持续发展

《服务业发展"十二五"规划》提出要完善物流基础设施和网络，统筹规划仓储设施发展，促进传统仓储企业向现代配送中心转变。《商务部关于仓储业转型升级的指导意见》指出，要加快仓储业转型升级，推动传统仓储企业由功能单一的仓储中心向功能完善的各类物流配送中心转变，由商品保管型的传统仓储向库存控制型的现代仓储转变，从而降低社会库存、提高流通效率，建立健全物流配送体系。用五年左右时间，实现加工配送率达到 40%，仓储服务达标率提高到 40%，立体仓库的总面积占仓库总面积的 40%；仓储企业机械化、自动化、标准化、信息化水平显著提高。

仓储业企业履行社会责任，要响应政府政策的要求，创新经营模式，提供供应链库存管理、加工包装、分拣配送等供应链一体化服务；推广应用新技术，大力推广集装技术和单元化装载技术，加强仓储技术设备的研发和推广；加快信息化建设，提高仓储企业的供应链服务水平；加强与制造业等企业的供应链管理，全面参与制造企业的供应链管理。

## （三）微观层面——促进企业可持续发展

企业履行社会责任是企业实现可持续发展目标的路径，仓储企业通过责任的履行，将利益相关者和社会整体利益的提高与企业个体利益的实现有机结合起来，提高企业自身竞争力，降低经营风险，同时提升企业形象和品牌价值。

对于仓储企业来说，客户、员工、行业协会都是重要的利益相关方。降低流通成本、提高流通效率不仅是仓储业自身发展的需要，更是客户对企业的要求。因此，仓储业承担的客户责任就是加快企业转型升级，研发和推广新技术装备，由传统仓储中心向多功能、一体化的综合物流服务商转变。

# 三、仓储业社会责任特征及要求

近年来，随着国家政策支持力度的加强，企业责任意识的不断提升以及社会舆论监督力度的加大，社会责任工作在企业，尤其是在大中型企业中普遍开展起来。在社会责任履行过程中，各行各业也表现出不同的社会责任特征，提出了不同的责任议题。仓储业尤其在优化仓容能力、信息化建设、安全生产、绿色运营、供应链责任等几个方面表现出不同的特征和要求。

## （一）优化仓容能力

随着社会经济的发展，我国仓储业迅猛发展。各行业、各部门为了满足各自的发展均在经济集中地区和交通便利的地方建设仓库，以至于仓库数量众多且布局极不合理，造成了部分地区仓储大量剩余和部分地区仓储能力不足的两极分化局面。不仅如此，当前我国仓库的管理水平还不高，商品周转不快、流通费用较高，库场设施设备资源闲置与重复配置矛盾突出，仓储企业的经济效益整体偏低。

传统仓储要向现代仓储、现代物流转变，需要商业模式的创新、经营方式的创新、经营业态的创新和管理手段的创新，主要分为以下三个方面：优化仓储布局，打破条块分割，面向社会经营，充分利用都市商流活跃、信息灵通、交通便利、占地面积大这一优势，迅速调整经营方针和策略，发挥本土优势；加强仓储基础设施建设，加大投入力度，努力升级现有仓库的基础设施，不断改造陈旧老化的仓库，更新使用现代化的仓储设备；借鉴国内外的先进经验和技术，同时结合各地区的实际情况，形成科学合理的仓储设施网络。

## （二）信息化建设

当前，国内仓储业对仓储信息化重视不足，信息化建设起步晚、推进慢，仓储物流各环节信息化程度低，同时缺少仓储企业信息分享平台，导致信息沟通不畅，浪费库存和运力，仓库的供需双方无法各取所需。

信息化建设是企业对客户、供应链伙伴负责任的表现，不仅体现在企业自身的创新发展，更体现在为客户和供应链伙伴提供必要的信息共享和支持，促进服务的改进和完善，增进客户满意度。

因此，仓储企业履行社会责任要注重信息化建设。信息化建设体现在以下三个方面：第一，加强技术改造，强化经营管理。现代物流业的发展需要现代化的仓储管理做支撑，信息化和先进技术就成为仓储业走向现代化的有效途径。第二，要提高仓库利用率、实现有效的库存控制，就要建立有效的信息网络，实现仓储信息共享，积极推进企业仓储管理信息化。同时运用现代信息技术构建公共信息平台，实现公共信息网络与仓储网络的有效结合，提升企业仓储信息化水平。第三，提升仓储业社会化、专业化、网络化、信息化、自动化和标准化水平，这样才能促进仓储企业业务规模、服务水平与经济效益的全面提高。

## （三）安全生产

仓储业属于外包服务业，仓储企业为社会（国家、货主企业、居民）储存保管物品。为保障生产企业、流通企业与消费者个人的货物安全，需要装备相应的设备设施、运用相应的技术手段、建立科学的管理制度。如果这三者不到位，一旦发生安全事故，受影响的不仅是仓储企业本身，更重要的是对社会财富与社会经济秩序的损害。因此，仓储企业在加强内部管理的同时，要主动承担社会责任与法定义务，保障仓储的安全。

仓储业要保证安全生产，需要在多方面采取措施，包括建立和完善生产管理体系，切实做好隐患排查工作，建立安全应急机制，增加安全投入，针对企业内部和客户及供应链进行安全教育与培训，同时加强职业道德培训。

## （四）绿色仓储

近年来，尽管我国的仓储物流基础设施有了较大的发展，但是与仓储业的发展要求相比，与发达国家相比仍然存在较大的差距。设施结构不合理，设备落后，枢纽基地建设缓慢等问题导致仓储中心的经济效益不高，存在着较大的资源和人力浪费，违背了绿色仓储的原则。

在国家政策的推动以及企业降低成本的内在驱动下，绿色仓储将越来越成为大势所趋。绿色环保的仓库建筑材料、节能减排的仓储设备、仓库屋顶光伏发电、冷库节能技术等将会逐步在仓储业中得到推广和应用。

## （五）供应链责任

现代仓储并不是传统意义上的仓库管理，而是以满足供应链上下游的需求为目的的物流活动。国内外实践表明，集中体现现代仓储四大基本特征的是服务类仓储（即公共仓储服务），其典型模式就是各类物流配送中心，即物流与供应链管理中的库存控制中心、加工配送中心、增值服务中心与现代物流设备技术的应用中心。仓库设施是现代仓储的基础，库存管理与控制是现代仓储的核心，技术与管理手段是现代仓储的关键，融入供应链并不断创新增值服务是现代仓储的方向。因此，仓储业的社会责任不能局限于企业自身，必须要把责任延伸到产业链的上下游，才能最大程度地提高仓储业的履责绩效。为了更好地满足供应链上下游的需求，应在以下几个方面开展工作：

第一，支持仓储企业完善库存管理功能，为工商企业降低库存、加速周转提供专业服务。

第二，提高加工配送能力，积极向上下游产业延伸，同时开展订单处理业务，主动融入工商企业供应链管理。

第三，加强质押监管操作规范和流程管理，为工商企业动产融资提供全程监管服务。

总之，积极加强对仓储业的资源整合与升级改造，发挥仓储作为物流节点和供应链管理的核心作用，加快商品流转速度、减少流通费用，从而促进仓储企业经营管理、服务水平和经济效益的全面提升。

# 第二章 仓储业社会责任报告
## 特征与趋势

综观国际和国内仓储业，大部分企业履行社会责任的意识形成较晚，近几年才开始发布社会责任报告的企业占大多数。同时有很多仓储企业并未发布社会责任报告，只是在官网上描述了企业社会责任履行的部分情况。因而不论是国外还是国内，仓储业履行企业社会责任都还有较大的提升空间。

## 一、国际仓储业社会责任报告特征

企业社会责任报告是企业履行社会责任的重要体现，它不仅展现了企业对责任的关注与履行，同时也推动了企业以可持续的方式不断发展。国外仓储企业发布社会责任报告的时间不长，数量较少，篇幅较短。据不完全统计，目前只有美国嘉吉、美国阿丹米公司（以下简称"ADM"）已经发布了企业社会责任报告。此外，美国邦吉在其官方网站上有对企业社会责任的详细描述。从这些报告来看，国际仓储业报告的特点表现在以下三个方面：体现了企业社会责任履行的可持续性；突出对关键议题的聚焦；类型更加多样化，内容形式更加丰富。

### （一）体现了企业社会责任履行的可持续性

国际仓储企业在履行企业社会责任过程中不仅仅只是关注一般性的社会问题，而是结合企业的主营业务持续推动社会责任的发展，保证了责任履行的可持续性。例如，美国ADM作为粮食加工、贮运和全球贸易的大型国际集团，主要从事玉米、可可加工、食品添加物、营养补助品、类固醇、食用油等的生产和市场推销，以及有关农粮的储备与运输交通。其关注的社会责任热点议题与自身主营业务密切相关，如节能减排、节约水资源、供应链管理、农业科技研发与应用等。

节约能源，减少浪费是美国 ADM 多年来在环境领域履责的重要方面。在美国 ADM 官方网站公布的 2009~2013 年企业社会责任报告中，每年都有一定篇幅来阐述企业节能减排的措施及实践情况。2009 年，美国 ADM 能源资源管理委员会在公司范围内实行能源度量上报机制的标准化建设，并通过设备评估、制定能源计划来节约能源；2010 年，美国 ADM 通过维护和更新工厂设备等一系列针对性措施来提高能源利用率；2011 年，美国 ADM 继续实施和完善全球环境管理系统以及附属的环境管理信息系统来加强公司的环境管理和风险管理能力；2012年，美国 ADM 实施数百项能源节约项目，包括设备运营、热能回收利用，控制室布局优化、数据管理能力提高等，来改善能源消耗的情况。

## （二）突出对关键议题的聚焦

虽然国际仓储企业的社会责任报告篇幅普遍不长，只有 10 页左右，但是报告中对议题的聚焦更集中，突出了企业社会责任的亮点工作，同时也随着企业社会责任重心的转移而有所变化。例如，美国 ADM 2010 年的报告聚焦于环境责任中的节能减排，减少废水排放。2011 年的报告聚焦于环境责任、社区责任、安全生产、供应链责任，同时注明当前社会责任关注点：社区生活质量的提高、员工的志愿行为以及业务的可持续发展。

## （三）类型更加多样化，内容形式更加丰富

综观国际仓储企业报告，报告的类型及发布形式等呈现出多样化趋势。从类型上看，企业除了提供年度报告之外，还会针对不同的利益相关方提供分报告。例如，美国 ADM 除了发布年度报告，还发布了可持续发展报告 "Our Commitment to Sustainable Palm Oil" 和 "Our Commitment to Sustainable Cocoa"，并且还专门将人权、环境等政策单独形成文章予以阐述。相比较年度报告而言，分报告针对性更强，对关键议题的阐述也更加深入和翔实。

另外，在内容上，由于跨国性质，公司会在总报告中进行区域性描述或者发布区域和国别分报告，对其他国家和地区的理念及绩效做出描述。例如，美国嘉

吉 2014 年发布了非洲地区的报告，描述了在非洲嘉吉履行企业社会责任的情况。

从形式上看，除了提供一般的 PDF 格式，企业还会在官方网站上通过栏目的形式描述企业社会责任的履行情况，同时还配有相关的视频以供观看。例如，美国嘉吉在企业社会责任报告中有一章 "working to feed the world" 专门论述企业如何满足客户的需求，在官方网站上则配备有相关视频，通过多种感官体验满足读者的需求，同时也更全面地阐述了企业社会责任的履行情况。

# 二、国内仓储业社会责任报告特征

通过查阅近两年国内仓储业发布社会责任报告的情况可以看出，仓储企业发布社会责任报告比率较低，发布报告的时间不长，有些企业在 2011 年才发布第一份社会责任报告。但是，仓储企业的社会责任报告越来越注重从对一般议题的关注到对行业关键议题的聚焦和阐述，社会责任报告的质量不断上升。

## （一）报告聚焦点越来越集中于行业关键议题

在目前的国内仓储业中，中储棉、中储粮、华孚集团以及中储发展有限公司已经连续多年发布企业社会责任报告。从每年报告的变化趋势来看，对行业关键议题的把握越来越明晰，同时也会在报告篇幅上有所侧重。例如，2011 年中储棉的报告整体分为 "关于我们"、"责任管理"、"服务宏观调控"、"共享发展成果"、"倡导绿色发展" 五个部分，伙伴责任、安全生产、员工责任、社会公益等相关行业议题被放在 "共享发展成果" 的大议题之下，没有侧重，只是将环境责任作为单独议题阐述。相比较而言，2013 年中储棉的报告分为 "科学稳健发展"、"服务棉花宏观调控"、"安全生产运营"、"促进员工发展"、"社区和谐发展"、"共建绿色生态" 六个部分，安全生产、员工发展、社会公益和环境责任被单独列出来，每个议题用单独一个章节阐述。同时行业关键议题的排序也有所侧重，安全生产被放在议题之首，阐述也更加详细，体现了企业逐渐开始关注行业议题，而不仅仅是一般性议题。

此外，报告篇幅也呈现逐渐减少的趋势。例如，2011 年中储棉发布的社会责任报告有 69 页，2012 年和 2013 年报告的篇幅缩减到 58 页和 48 页。2011 年中储粮发布的社会责任报告有 79 页，2012 年和 2013 年报告篇幅缩减到 76 页和 74 页。

表 2-1　2013 年中国仓储业发布社会责任报告的企业情况

| 企业名称 | 第几份社会责任报告 | 报告页码 | 备注 |
|---|---|---|---|
| 中国储备棉管理总公司 | 4 | 48 | |
| 中国储备粮管理总公司 | 4 | 74 | |
| 华孚集团 | 2012 年、2013 年未发布 | | 2011 年发布第一份企业社会责任报告 |
| 中储发展股份有限公司 | 5 | 15 | |

## （二）社会责任报告编制逐渐规范和完善，参照国内或者国际指标

仓储企业社会责任报告的编制也逐渐开始规范和完善，不仅参照国内相关指标体系标准，同时也借鉴国外指标体系标准。例如，2011 年中储棉编制社会责任报告的编制参照标准为《中国企业社会责任报告编写指南（CASS-CSR2.0)》，随着国内指标标准体系的不断升级，2013 年中储棉报告的编制参照标准也随之变化，升级为《中国企业社会责任报告编写指南（CASS-CSR3.0)》，同时完善了自身社会责任中的不足。中储粮在编制社会责任报告中还参照了 GRI 标准，寻求与国际接轨，这表明仓储企业在不断寻求报告的完善。

但通过查阅其他两家仓储企业的报告，发现仓储业社会责任报告整体上还不规范，华孚集团和中储发展股份有限公司的报告中虽然有涉及环境、社会、市场责任，但是并未参照标准体系编制，存在一定的缺陷。

## （三）社会责任报告重视与利益相关方的沟通，报告附录里有利益相关方评价、第三方评价或者报告评级

表 2-1 中前 3 家仓储企业的报告均体现了与利益相关方平等的沟通，对客户需求的回应、第三方评价以及意见反馈表。例如，中储棉、中储粮的社会责任报告均有评级报告和意见反馈表，同时中储粮和华孚集团的报告中还有第三方评价。在 2011 年的华孚集团社会责任报告中，国务院国有资产监督管理委员会研究局副局长楚序平对报告进行了点评。他认为此份报告全面、系统地阐述了华孚集团富有成效的社会责任实践，呈现出许多亮点，包括展现华孚集团的社会责任

理念、较好地回应利益相关方的期望和要求等，是华孚集团推进企业社会责任工作的重要里程碑。

在 2010 年和 2011 年的中储粮社会责任报告中，附有利益相关方的评价。在 2011 年中储粮的社会责任报告中，共有 9 名利益相关方代表进行了评价。其中时任黑龙江省委副书记、省长王宪魁的评价中提到："今年全省粮食大丰收，在农民售粮过程中，中储粮黑龙江分公司认真执行国家政策，克服各种困难，做了大量工作，保证了农民增产增收，为黑龙江经济发展做出了重大贡献。"新疆奇台县东地村订单农户张青文提到："自从与中储粮直属库签订了小麦订单，我们不再为冬播资金和卖粮发愁，小麦种植技术提高了，产量也提高了。以前交粮要排上三四天长队，现在可以坐在直属库宽敞的服务大厅，等着拿钱就行了。"这些情况表明，仓储企业在发布社会责任报告时，重视并积极与利益相关方沟通。

## （四）社会责任报告图文并茂，披露大量数据指标，体现了用数据说话的特点

表 2-1 中前 3 家仓储企业的社会责任报告中均有大量的图片和数据信息，不仅直接地向利益相关方提供了他们所需的资料，同时也提高了报告的可读性和生动性，让客户对企业的了解更直观、更感性。例如，2011 年华孚集团社会责任报告中有中央直属储备肉冷库布局示意图、"十一五"期间投放中央储备糖统计表、储备仓储图片等（见表 2-2）。

表 2-2 "十一五"期间投放中央储备糖统计表

| 项目 | 2006 年 | 2009 年 | 2010 年 | 累计 |
|------|---------|---------|---------|------|
| 投放数量 | 114.31 | 49.56 | 182.95 | 346.82 |
| 投放次数 | 12 | 2 | 9 | 23 |

# 第三章　仓储业社会责任议题

仓储业具备自身的行业特征，其在市场、社会和环境领域拥有与其他行业不同的社会责任议题。

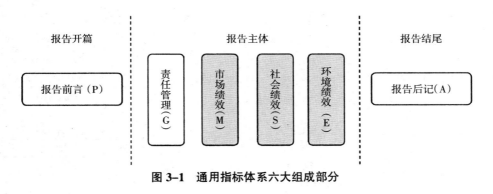

图 3-1　通用指标体系六大组成部分

# 一、市场绩效（M 系列）

| 一般框架指标 | | 仓储业指标 | |
|---|---|---|---|
| 股东责任（M1） | 股东权益保护 | 客户责任（M1） | 仓储管理 |
| | 财务绩效 | | 优化仓容能力 |
| | | | 信息化建设 |
| | | | 完善客户服务 |
| | | | 科研创新 |
| 客户责任（M2） | 基本权益保护 | 价值链责任（M2） | 价值链识别 |
| | 产品质量 | | 伙伴责任 |
| | 产品服务创新 | | |
| | 客户满意度 | | |

续表

| 一般框架指标 | | 仓储业指标 | |
|---|---|---|---|
| 伙伴责任（M3） | 促进产业发展 | 股东责任（M3） | 股东权益保护 |
| | 价值链责任 | | 财务绩效 |
| | 责任采购 | | |

# 二、社会绩效（S 系列）

| 一般框架指标 | | 仓储业指标 | |
|---|---|---|---|
| 政府责任（S1） | 守法合规 | 安全生产（S1） | 安全生产管理 |
| | 政策响应 | | 安全教育与培训 |
| | | | 职业道德教育与培训 |
| | | | 安全生产绩效 |
| 员工责任（S2） | 基本权益保护 | 政府责任（S2） | 守法合规 |
| | 薪酬福利 | | 政策响应 |
| | 平等雇佣 | | |
| | 职业健康与发展 | | |
| | 员工发展 | | |
| | 员工关爱 | | |
| 安全生产（S3） | 安全生产管理 | 员工责任（S3） | 基本权益保护 |
| | 安全教育与培训 | | 薪酬福利 |
| | 安全生产绩效 | | 平等雇佣 |
| | | | 职业健康与安全 |
| | | | 职业发展 |
| | | | 关爱帮扶 |
| 社区参与（S4） | 本地化运营 | 社区责任（S4） | 社区参与 |
| | 公益慈善 | | 公益慈善 |
| | 志愿者活动 | | |

# 三、环境绩效（E 系列）

| 一般框架指标 | | 仓储业指标 | |
|---|---|---|---|
| 绿色经营（E1） | 环境管理体系 | 绿色管理（E1） | 环境管理体系 |
| | 环保培训 | | 环保培训 |
| | 环境信息公开 | | 环境信息公开 |
| | 绿色办公 | | |
| 绿色工厂（E2） | 能源管理 | 绿色运营（E2） | 绿色仓储 |
| | 清洁生产 | | 绿色包装与物流 |
| | 循环经济 | | 绿色办公 |
| | 节约水资源 | | |
| | 减少温室气体排放 | | |
| 绿色产品（E3） | 绿色供应链 | 绿色建设（E3） | 绿色仓库建设 |
| | 绿色低碳产品研发 | | 环保公益 |
| | 产品包装物回收再利用 | | |
| 绿色生态（E4） | 生物多样性 | — | |
| | 生态恢复与治理 | | |
| | 环保公益 | | |

# 指 标 篇

# 第四章 报告指标详解

《中国企业社会责任报告编写指南 3.0 之仓储业指南》中的报告指标体系由六大部分构成：报告前言（P）、责任管理（G）、市场绩效（M）、社会绩效（S）、环境绩效（E）和报告后记（A）（如图 4-1 所示）。

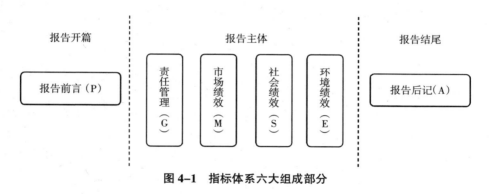

图 4-1　指标体系六大组成部分

## 一、报告前言（P 系列）

本板块依次披露报告规范、报告流程、企业高层的社会责任声明、企业简介（含公司治理概况）以及社会责任工作年度进展（如图 4-2 所示）。

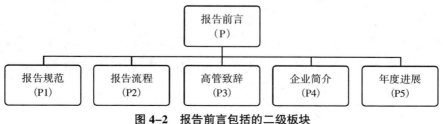

图 4-2　报告前言包括的二级板块

## （一）报告规范（P1）

扩展指标　P1.1 报告审核程序或审核结果

**指标解读**：社会责任报告审核程序或审核结果指在社会责任报告编写完成后，公司通过什么程序或流程确保报告披露信息正确、完整、平衡，以及审核结果展示。

> **示例：**
>
> 本报告是中国储备棉管理总公司发布的第四份社会责任年度报告，披露公司及所属单位在经济、环境和社会等方面的工作绩效，报告时间范围为2013 年 1 月 1 日至 2013 年 12 月 31 日，部分内容超出上述范围。
>
> 本报告的撰写参照了国务院国有资产监督管理委员会（以下简称"国资委"）《关于中央企业履行社会责任的指导意见》（国资发研究〔2008〕1 号）、中国社会科学院《中国企业社会责任报告编写指南》（CASS–CSR3.0）。
>
> 本报告所使用数据均来自公司统计报告、正式文件。报告中的财务数据以人民币为单位，特别说明除外。
>
> 公司努力保证报告内容的完整性、实质性、真实性和平衡性。本报告在发布前通过公司管理层审核、报告评级等程序确保报告信息质量。
>
> ——《中国储备棉管理总公司 2013 年社会责任报告》P1

核心指标　P1.2 报告信息说明

**指标解读**：主要包括第几份社会责任报告、报告发布周期、报告参考标准和数据说明等。

> **示例：**
>
> ● 报告介绍
>
> 本报告是中国华孚贸易发展集团公司发布的第一份社会责任报告。报告回顾了中国华孚贸易发展集团公司自成立以来的发展历程，并系统披露了公司追求可持续发展，积极履行社会责任的理念、实践和绩效。

● 编制依据

遵循国务院国资委《关于中央企业履行社会责任的指导意见》,参照全球报告倡议组织(GRI)《可持续发展报告指南》(G3.1),并参考《中国企业社会责任报告编写指南》(CASS-CSR2.0)。

● 时间范围

2006 年 1 月 1 日至 2011 年 12 月 31 日。

● 报告范围

报告所披露的信息和内容覆盖集团所有二级子公司、部分三级子公司、控股公司。

● 数据来源

数据源于中国华孚贸易发展集团公司内部文件和相关统计数据。

● 指代说明

为便于表述,在报告中"中国华孚贸易发展集团公司"也以"华孚集团"或"我们"表示。

——《2011 年中国华孚贸易发展集团公司社会责任报告》

[核心指标] **P1.3 报告边界**

**指标解读:** 主要指报告信息和数据覆盖的范围,如是否覆盖下属企业、合资企业以及供应链。

由于各种原因(如并购、重组等),一些下属企业或合资企业在报告期内无法纳入社会责任报告的信息披露范围,企业必须说明报告的信息边界。此外,如果企业在海外运营,需在报告中说明哪些信息涵盖了海外运营组织;如果企业报告涵盖供应链,需对供应链信息披露的原则和信息边界做出说明。

**示例:**

报告范围:中国储备粮管理总公司及下属分(子)公司、直属库。

称谓说明:为便于表述,在报告中"中国储备粮管理总公司"也以"中储粮总公司"、"总公司"、"公司"、"我们"、"中储粮"表示。

——《中国储备粮管理总公司 2012-2013 年社会责任报告》

**核心指标** P1.4 报告体系

**指标解读：** 主要指公司的社会责任信息披露渠道和披露方式。社会责任信息披露具有不同的形式和渠道。部分公司在发布社会责任报告的同时发布国别报告、产品报告、环境报告、公益报告等，这些报告均是企业披露社会责任信息的重要途径，企业应在社会责任报告中对这些信息披露形式和渠道进行介绍。

**示例：**

报告体系：

年度信息披露——年度社会责任报告

日常信息披露

社会责任网站专栏：http：//www.cncrc.com.cn/p158.aspx

——《中国储备棉管理总公司 2013 年社会责任报告》（P1）

**核心指标** P1.5 联系方式

**指标解读：** 主要包括解答报告及其内容方面问题的联络人及联络方式和报告获取方式及延伸阅读。

**示例：**

中国储备棉管理总公司综合部

地址：北京市西城区华远街 17 号 （100032）

电话：010-58519383

E-mail：csr@cncrc.com.cn

您可以通过登录公司网站：http：//www.cncrc.com.cn/获取更多关于中储棉总公司的社会责任信息。

——《中国储备棉管理总公司 2013 年社会责任报告》（P1）

## （二）报告流程（P2）

**扩展指标** P2.1 报告编写流程

**指标解读：** 主要指公司从组织、启动到编写、发布社会责任报告的全过程。完整、科学的报告编写流程是报告质量的保证，也有助于利益相关方更好地获取报告信息。

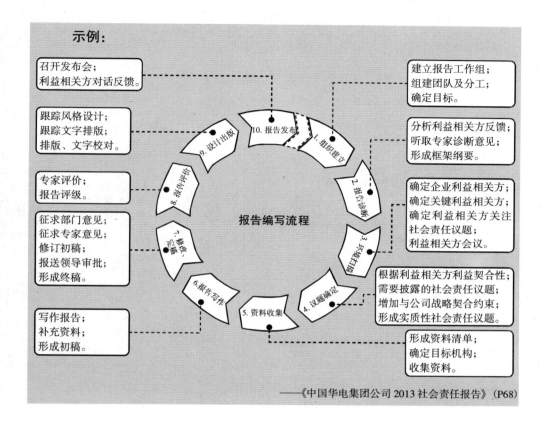

**示例：**

召开发布会；
利益相关方对话反馈。

跟踪风格设计；
跟踪文字排版；
排版、文字校对。

专家评价；
报告评级。

征求部门意见；
征求专家意见；
修订初稿；
报送领导审批；
形成终稿。

写作报告；
补充资料；
形成初稿。

建立报告工作组；
组建团队及分工；
确定目标。

分析利益相关方反馈；
听取专家诊断意见；
形成框架纲要。

确定企业利益相关方；
确定关键利益相关方；
确定利益相关方关注
社会责任议题；
利益相关方会议。

根据利益相关方利益契合性；
需要披露的社会责任议题；
增加与公司战略契合约束；
形成实质性社会责任议题。

形成资料清单；
确定目标机构；
收集资料。

报告编写流程

10. 报告发布
1. 组织建立
2. 报告诊断
3. 环境扫描
4. 议题确定
5. 资料收集
6. 报告写作
7. 修改、定稿
8. 报告评价
9. 设计出版

——《中国华电集团公司 2013 社会责任报告》(P68)

核心指标 **P2.2 报告实质性议题选择程序**

**指标解读：**主要指在社会责任报告过程中筛选实质性议题的程序、方式和渠道。同时也包括实质性议题的选择标准。企业在报告中披露实质性议题选择程序，对内可以规范报告编写过程，提升报告质量，对外可以增强报告的可信度。

## 示例：

### 实质性议题识别

我们在与利益相关方沟通的基础上，深入分析研究国内外粮油市场发展形势、国家宏观政策、行业发展态势等信息，根据公司发展的自身特点，识别和提炼公司核心责任议题，为公司可持续发展提供理论基础和参考依据。

### 第一步  识别实质性议题

| 参考依据 | 实质性议题 |
| --- | --- |

**企业战略与运营重点**
- 企业发展目标、战略、政策    • 企业风险分析
- 企业内部相关报告

**政策和自愿性标准**
- 《关于中央企业履行社会责任的指导意见》
- 《中国企业社会责任报告编写指南》（CASS-CSR3.0）
- 《可持续发展报告指南》（G3.1）
- 《ISO26000 社会指南 (2010)》

**利益相关方沟通**
- 客户调查        • 社区沟通
- 内部访谈        • 参与行业工作会

**宏观背景**
- 国家政策        • 媒体公众关注热点
- 粮食行业发展趋势   • 科学研究报告

**实质性议题**
- 执行粮油调控任务
- 严格储备粮管理
- 严格企业管理
- 提供粮情信息服务
- 仓储设施建设
- 落实惠农政策
- 提供优质粮源
- 安全生产
- 科技储粮
- 高效特质
- 节能减排
- 员工职业健康
- 员工培训发展
- 慈善捐助
- 救灾扶贫

### 第二步  议题重要性排序

根据"对公司可持续发展的重要性"以及"对利益相关方的重要性"两个维度，对实质性议题核算经济、环境、社会三个方面进行重要性排序。

#### 实质性矩阵

对公司可持续发展重要性（纵轴：非常高、很高、高）

| | 高 | 很高 | 非常高 |
| --- | --- | --- | --- |
| 非常高 | 提供粮情信息服务 仓储设施建设 | 严格企业管理 安全生产 | 执行粮油调控任务 严格储备粮管理 |
| 很高 | 高效物流 节能减排 | 员工培训发展 科技储粮 | 落实惠农政策 |
| 高 | 救灾扶贫 慈善捐赠 | 提供优质粮票 | 员工职业健康 |

对利益相关方重要性

### 第三步  实质性议题审核

**内部审核**
- 董事会和社会责任指导委员会审核
- 各业务部门审核

**外部参与**
- 外部机构协作

### 第四步  回顾与延续

- 设立新的绩效目标
- 启动新项目或制定新政策
- 与利益相关方进行沟通

——《中国储备粮管理总公司 2012-2013 年社会责任报告》（P11）

扩展指标  P2.3 利益相关方参与报告过程的程序和方式

**指标解读：**主要描述利益相关方参与报告编写方式和程序。利益相关方参与报告编写的方式和程序包括但不限于：

● 利益相关方座谈会；

● 利益相关方访谈与调研；

● 利益相关方咨询等。

——《中国储备棉管理总公司 2013 年社会责任报告》（P12）

## （三）高管致辞（P3)

**指标解读：**高管致辞是企业最高领导对企业社会责任工作的概括性阐释。高管致辞代表了企业最高领导人（团队）对社会责任的态度和重视程度。包括以下两个方面的内容：

核心指标  P3.1 企业履行社会责任的机遇和挑战

**指标解读：**主要描述企业实施社会责任工作的战略考虑及企业实施社会责任为企业带来的发展机遇。

核心指标  P3.2 企业年度社会责任工作成绩与不足的概括总结

**指标解读：** 主要指企业本年度在经济、社会和环境领域取得了哪些关键绩效，以及存在哪些不足和改进。

## （四）企业简介（P4）

核心指标 P4.1 企业名称、所有权性质及总部所在地

**指标解读：** 主要介绍企业的全称、简称，企业所有权结构，以及企业总部所在的省市。

> **示例：**
>
> 中国储备棉管理总公司（简称中储棉总公司）是经营管理国家储备棉的政策性中央企业。公司于 2003 年 3 月 28 日在北京正式挂牌成立，注册资本 10 亿元。在国家宏观调控和监督管理下，中储棉总公司自主经营、统一核算、自负盈亏。
>
> ——《中国储备棉管理总公司 2013 年社会责任报告》（P42）

核心指标 P4.2 企业主要品牌、产品及服务

**指标解读：** 通常情况下，企业对社会和环境的影响主要通过其向社会提供的产品和服务实现。因此，企业应在报告中披露其主要品牌、产品和服务，以便于报告使用者全面理解企业的经济、社会和环境影响。

> **示例：**
>
> 中储棉总公司目前下辖 16 个直属库和 300 余个社会承储库，分布于全国各主要棉花产销区，初步形成布局合理、设施先进、管理规范的棉花仓储体系。成立 10 多年来，中储棉总公司在国家有关部门的指导和支持下，充分利用国内、国际两个市场、两种资源，卓有成效地完成国家下达的各项棉花市场调控任务。公司改革发展取得长足进步，管理日趋规范，规模稳步扩大，核心竞争力不断增强，已经成为在国内、国际棉花行业具有较强影响力的企业之一。
>
> 主营业务：国家储备棉的购销、储存、运输、加工；仓储设施的租赁、服务；棉花储备库的建设、维修、管理；相关信息咨询服务；自营和代理各

类商品和技术的进出口；棉花国营贸易进出口等。

——《中国储备棉管理总公司 2013 年社会责任报告》(P42)

核心指标 P4.3 企业运营地域及运营架构，包括主要部门、运营企业、附属及合营机构

**指标解读**：企业运营地域、运营企业界定了其社会和环境影响的地域和组织，因此，企业在报告中应披露其运营企业，对于海外运营企业还应披露其运营地域。

**示例：**

截至 2013 年底，中储粮总公司在全国共有 23 个分公司、4 个全资或控股二级管理子公司、1 个科研所，机构和业务覆盖全国 31 个省（自治区、直辖市）。

——《中国储备粮管理总公司 2012-2013 年社会责任报告》(P4)

核心指标 P4.4 按产业、顾客类型和地域划分的服务市场

**指标解读**：企业的顾客类型、服务地域和服务市场界定了其社会和环境影响的范围，因此，企业应在报告中披露其服务对象和服务市场。

核心指标 P4.5 按雇佣合同（正式员工和非正式员工）和性别分别报告员工总数

**指标解读**：从业人员指年末在本企业实际从事生产经营活动的全部人员。包括：在岗的职工（合同制职工）、临时工及其他雇用人员、留用人员，不包括与法人单位签订劳务外包合同的人员，同样不包括离休、退休人员。

扩展指标 P4.6 列举企业在协会、国家或国际组织中的会员资格

**指标解读**：企业积极参与协会组织以及国际组织一方面是企业自身影响力的表现，另一方面可以发挥自身在协会等组织的影响力，带动其他企业履行社会责任。

**示例：**

| 编号 | 组织名称 | 所处地位 | 担任职务 | 编号 | 组织名称 | 所处地位 | 担任职务 |
|---|---|---|---|---|---|---|---|
| 1 | 联合国"全球契约"组织 | | 成员 | 2 | 中国企业联合会、中国企业家协会 | 会员单位 | 理事待推 |
| 3 | 中国电力企业联合会 | 副理事长单位 | 副理事长 | 4 | 中国核能行业协会 | 副理事长单位 | 副理事长 |
| 5 | 中国能源研究会 | 常务理事单位 | 常务理事 | 6 | 中国水力发电工程学会 | 副理事长单位 | 副理事长 |
| 7 | 中国电机工程学会 | 副理事长单位 | 副理事长 | 8 | 中国电力建设企业协会 | 副会长单位 | 副会长 |
| 9 | 中国大坝协会 | 副理事长单位 | 副理事长 | 10 | 亚太电协 | 会员单位 | |
| 11 | 海峡两岸关系协会 | 理事单位 | 理事 | 12 | 中国产业海外发展与规划协会 | 副会长单位 | 副会长 |
| 13 | 国家水电可持续发展研究中心管理委员会 | | 委员 | 14 | 电力行业诚信体系建设领导小组 | 成员单位 | 成员 |
| 15 | 电力建设工程质量监督总站 | | 副站长 | 16 | 中国招标投标协会 | 会员单位 | |
| 17 | 中国产业发展促进会 | 会员单位 | 单位会员代表 | 18 | 潘家铮水电科技创新基金会 | 理事单位 | 理事 |
| 19 | 电力行业应对气候变化协调委员会 | | 委员 | 20 | 国家电力信息网 | 会员单位 | 副理事长 |
| 21 | 张光斗科技教育管理委员会 | 副主任单位 | 副主任 | 22 | 全国电力标准管理委员会 | | 委员 |
| 23 | 中国会计学会电力分会 | 副会长单位 | 顾问 | 24 | 中国总会计师协会 | 中国会计学会电力分会 | 常务理事 |

——《中国华电集团公司 2013 社会责任报告》（P70）

扩展指标 P4.7 报告期内关于组织规模、结构、所有权或供应链的重大变化

**指标解读：** 主要指企业发生重大调整的事项。企业改革往往对企业本身和利益相关方都将产生深远影响，企业披露重大调整事项有助于加强利益相关者沟通及寻求支持。

示例：

总部组织结构重在调整事项：

  2013 年 11 月 11 日，中央决定在华电集团设立董事会，公司党组书记、副总经理李庆奎出任董事长，原执掌华电集团的总经理云公民卸任总经理和党组副书记职务。

  新一届领导班子的成立，拉开了建立具有华电特色的管理体系序幕，公司成立了深化改革领导小组和九个专项工作小组，制定了《关于全面深化改革的意见》，明确提出了企业改革的路线图和时间表，争取利用三到五年的时间，建立起"战略导向明确、治理结构优良、集团管控科学、体制机制高效、基础管理扎实、风险防控有效"的具有华电特色的管理体系，实现公司治理体系和治理能力现代化。

——《中国华电集团公司 2013 年社会责任报告》（P6）

## （五）年度进展（P5）

  年度进展主要包括报告期内企业社会责任工作的年度绩效对比表、关键绩效数据表以及报告期内企业所获荣誉列表。社会责任工作绩效对比表主要从定性的角度描述企业社会责任管理及社会责任实践组织机构、规章制度的完善以及管理行为的改进等；关键绩效数据表从定量的角度描述企业社会责任工作取得的可以数量化的工作成效；报告期内公司荣誉表对报告期内企业所获荣誉进行集中展示。

核心指标 P5.1 年度社会责任重大工作

  **指标解读：**年度社会责任工作进展主要指从战略行为和管理行为的角度出发，企业在报告年度内做出的管理改善，包括但不限于：

- 制定新的社会责任战略；
- 建立社会责任组织机构；
- 在社会责任实践领域取得的重大进展；
- 下属企业社会责任重大进展等。

示例：

  从 2012 年起，总公司设立董事会，实行董事会决策、经理层执行、监事会监督的公司法人治理模式。总公司在部分分（子）公司建立规范的董事会和监事会，提高企业治理水平。

——《中国储备粮管理总公司 2012–2013 年社会责任报告》（P7）

核心指标 P5.2 年度责任绩效

**指标解读：** 年度责任绩效主要从定量的角度出发披露公司在报告期内取得的重大责任绩效，包括但不限于以下内容：

● 财务绩效；

● 客户责任绩效；

●.伙伴责任绩效；

● 员工责任绩效；

● 社区责任绩效；

● 环境责任绩效等。

**示例：**

### 社会绩效表

| 指标单位 | 单位 | 2011 年 | 2012 年 | 2013 年 |
|---|---|---|---|---|
| 经济责任审计 | 次 | 8 | 6 | 4 |
| 基建工程预算、决算审计 | 次 | 3 | 5 | 5 |
| 招标项目监督 | 次 | 3 | 6 | 7 |
| 法律培训人次 | 人次 | 379 | 380 | 405 |
| 反腐败培训次数 | 次 | 15 | 18 | 16 |
| 反腐败培训人数 | 人 | 312 | 402 | 390 |
| 安全培训覆盖率 | % | 100 | 100 | 100 |
| 安全培训次数 | 次 | 145 | 198 | 216 |

——《中国储备棉管理总公司 2013 年社会责任报告》（P43）

核心指标 P5.3 年度责任荣誉

**指标解读：** 年度责任荣誉主要指公司在报告期内在责任管理、市场责任、社会责任和环境责任方面获得的重大荣誉奖项。

**示例：**

### 公司荣誉

● 总公司职业技能鉴定基地 2013 年被国家粮食局授予"全国粮食行业技能人才培育突出贡献奖单位"荣誉称号

● 总公司分别被国务院办公厅和国资委办公厅评为 2012 年度"信息报

送工作先进单位"荣誉称号

● 总公司被中国内部审计协会授予"内部审计领军企业"、"内部审计先进集体"荣誉称号

● 总公司"氮气气调储粮技术应用工程"获得 2013 年度中国粮油学会科学技术奖一等奖

● 油脂工业东莞有限公司 2013 年被人力资源和社会保障部、国资委授予"中央企业先进集体"荣誉称号

● 北方公司 2013 年被国务院国资委授予"中央企业扶贫开发工作先进单位"荣誉称号

● 湖北分公司、油脂公司被国务院国资委表彰为"2012 年度中央企业职工技能竞赛先进单位"

● 成都分公司蓬安直属库在国家安监总局 2013 年 7 月举办的全国企业应急救援知识竞赛中，荣获"优胜单位奖"

此外，公司一大批基层单位和员工，在创先争优、技术创新、党的建设、人才培养、安全生产等专项实践中，获得地方党委、政府的通报表彰。

——《中国储备粮管理总公司 2012-2013 年社会责任报告》(P8)

# 二、责任管理（G 系列）

有效的责任管理是企业实现可持续发展的基石。企业应该推进企业社会责任管理体系的建设，并及时披露相关信息。根据最新研究成果，[①] 企业社会责任管理体系包括责任战略、责任治理、责任融合、责任绩效、责任沟通和责任能力六大部分。其中，责任战略的制定过程实际上是企业社会责任的计划（Plan-P）；责任治理、责任融合的过程实际上是企业社会责任的执行（Do-D）；责任绩效和报告是对企业社会责任的评价（Check-C）；调查、研究自己社会责任工作的开展情

---

① 该框架系国资委软课题《企业社会责任推进机制研究》成果，课题组组长：彭华岗，副组长：楚序平、钟宏武，成员：侯洁、陈锋、张璟平、张蕙、许英杰。

况、利益相关方意见的反馈以及将责任绩效反馈到战略的过程就是企业社会责任的改善（Act-A）。这六项工作整合在一起就构成了一个周而复始、闭环改进的PDCA 过程，推动企业社会责任管理持续发展。

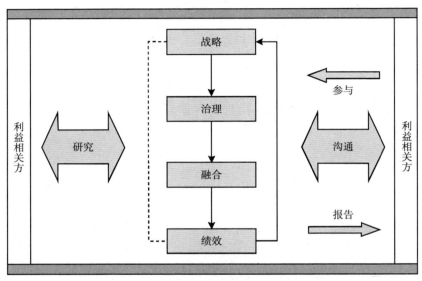

**图 4-3　企业社会责任管理的六维框架**

## （一）责任战略（G1）

社会责任战略是指公司在全面认识自身业务对经济社会环境影响、全面了解利益相关方需求的基础上，制定明确的社会责任理念、核心议题和社会责任规划，包括社会责任理念、社会责任议题和社会责任规划三个方面。

核心指标 G1.1 社会责任理念、愿景及价值观

**指标解读：** 该指标描述企业对经济、社会和环境负责任的经营理念、愿景及价值观。

示例：

 责任理念

**主业融合。** "棉"指中储棉总公司的核心业务棉花储备。公司以棉花为媒介，坚持将社会责任与经营主业相结合，持续"一个中心，三大板块"的发展战略，将社会责任融入战略、融入经营、融入业务，通过棉花储备业务达到富民强国的社会责任愿景。

棉泽天下，富民强国

**惠及社会。** "泽天下"指惠及所有利益相关方。中储棉总公司通过开展棉花储备业务，将公司的价值惠及棉农、涉棉企业、社会承储库等所有利益相关方，珍惜资源，保护环境，以人为本，关爱社会，最终实现富民强国的社会责任愿景。

**持续改进。** "棉"通"绵"，寓意"绵绵不绝"。中储棉总公司的社会责任工作形成了"计划—行动—报告—改进"的管理闭环，持续改进公司履责实践。公司通过实施和谐发展战略，在保障棉花市场供应、稳定市场价格、服务三农方面发挥了重要作用。

——《中国储备棉管理总公司 2013 年社会责任报告》（P10）

扩展指标 G1.2 企业签署的外部社会责任倡议

**指标解读：** 企业签署外部社会责任倡议体现了其对社会责任的重视，同时，外部社会责任倡议也是公司履行社会责任的外部推动力。

示例：

作为具有蜜蜂精神的"金蜜蜂企业"，我们与《WTO 经济导刊》在 2011年 6 月合作发起金蜜蜂 2020 倡议，作为"低碳与能效管理"专项委员会主任委员单位，积极推进金蜜蜂 2020 "低碳与能效管理"专项的跨界合作。

加入倡议以来，我们携手上、下游企业共同打造绿色产业链、共建低碳社会、共享绿色生活，共筑可持续未来，走出一条成效明显的绿色发展道路。

——《中国南方电网 2013 年企业社会责任报告》（P47）

**核心指标**　G1.3 辨识企业的核心社会责任议题

**指标解读**：本指标主要描述企业辨识社会责任核心议题的工具和流程，以及企业的核心社会责任议题包括的内容。企业辨识核心社会责任议题的方法和工具包括但不限于：

● 利益相关方调查；

● 高层领导访谈；

● 行业背景分析；

● 先进企业对标等。

**示例：**

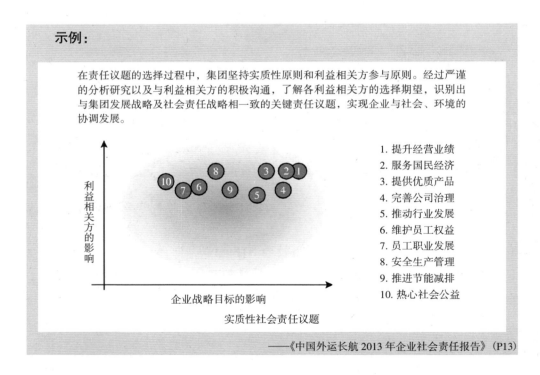

在责任议题的选择过程中，集团坚持实质性原则和利益相关方参与原则。经过严谨的分析研究以及与利益相关方的积极沟通，了解各利益相关方的选择期望，识别出与集团发展战略及社会责任战略相一致的关键责任议题，实现企业与社会、环境的协调发展。

1. 提升经营业绩
2. 服务国民经济
3. 提供优质产品
4. 完善公司治理
5. 推动行业发展
6. 维护员工权益
7. 员工职业发展
8. 安全生产管理
9. 推进节能减排
10. 热心社会公益

利益相关方的影响

企业战略目标的影响

实质性社会责任议题

——《中国外运长航 2013 年企业社会责任报告》（P13）

**扩展指标**　G1.4 企业社会责任规划

**指标解读**：社会责任规划是企业社会责任工作的有效指引。本指标主要描述企业社会责任工作总体目标、阶段性目标、保障措施等。

**示例：**

在《中国储备粮管理总公司 2013-2018 年发展纲要》中，公司明确将履行企业社会责任作为发展纲要的重要组成部分。以可持续发展为核心，把社会责任融入企业运营管理中，树立负责任企业公民形象。

——《中国储备粮管理总公司 2012-2013 年社会责任报告》（P9）

## （二）责任治理（G2）

CSR 治理是指通过建立必要的组织体系、制度体系和责任体系，保证公司 CSR 理念得以贯彻，保证 CSR 规划和目标得以落实，包括 CSR 组织、CSR 制度等方面。

扩展指标 G2.1 社会责任领导机构

**指标解读：** 社会责任领导机构是指由企业高层领导（通常是企业总裁、总经理等高管）直接负责的、位于企业委员会层面最高的决策、领导、推进机构，例如社会责任委员会、可持续发展委员会、企业公民委员会等。

**示例：**

中储棉总公司高度重视企业社会责任工作，建立健全社会责任管理体系，成立由公司总经理任组长的社会责任工作领导小组，负责社会责任相关重大事项的审议和决策；同时，指定社会责任工作归口管理部门（综合部），并在总公司各部室及各所属单位建立社会责任联络人制度，负责社会责任信息报送。

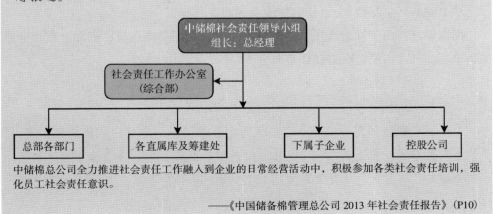

中储棉总公司全力推进社会责任工作融入到企业的日常经营活动中，积极参加各类社会责任培训，强化员工社会责任意识。

——《中国储备棉管理总公司 2013 年社会责任报告》（P10）

**扩展指标** G2.2 利益相关方与企业最高治理机构之间沟通的渠道或程序

**指标解读：** 利益相关方与最高治理机构之间的沟通和交流是利益相关方参与的重要内容和形式。企业建立最高治理机构和利益相关方之间的沟通渠道有助于从决策层高度加强与利益相关方的交流，与利益相关方建立良好的伙伴关系。

**核心指标** G2.3 建立社会责任组织体系

**指标解读：** 本指标主要包括以下两个方面的内容：①明确或建立企业社会责任工作的责任部门；②企业社会责任工作部门的人员配置情况。

一般而言，社会责任组织体系包括以下三个层次：

● 决策层，主要由公司高层领导组成，负责公司社会责任相关重大事项的审议和决策；

● 组织层，公司社会责任工作的归口管理部门，主要负责社会责任相关规划、计划和项目的组织推进；

● 执行层，主要负责社会责任相关规划、计划和项目的落实执行。

> **示例：**
>
> 在公司总部，由一名副总经理负责社会责任工作，由办公厅牵头、其他职能部门协同推进社会责任工作的开展。在各分（子）公司、直属库确定社会责任联系人，落实公司各项社会责任工作，不断健全、完善公司的社会责任管理组织架构体系，更好地指导各项社会责任实践开展。
>
> ——《中国储备粮管理总公司 2012-2013 年社会责任报告》（P9）

**核心指标** G2.4 社会责任组织体系的职责与分工

**指标解读：** 由于社会责任实践由公司内部各部门具体执行，因此，在企业内部必须明确各部门的社会责任职责与分工。

> **示例：**
>
> 集团各职能部室是社会责任工作的配合部门，从本部门职能定位出发，按照职能定位，负责制定社会责任相关政策和制度，对社会责任专项工作承担管理职责。集团直属企业与集团部室对接社会责任职责，实行双向汇报。

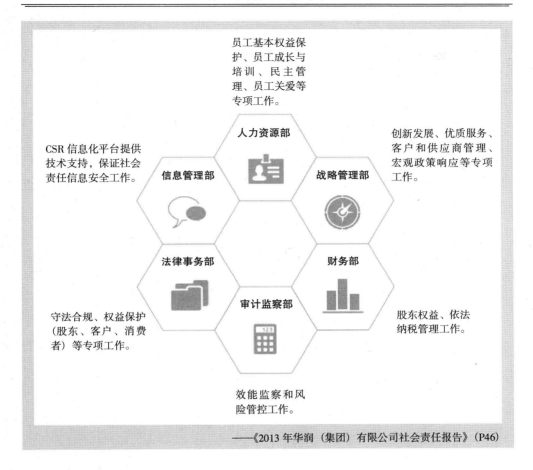

——《2013 年华润（集团）有限公司社会责任报告》（P46）

【扩展指标】 **G2.5 社会责任管理制度**

**指标解读：** 社会责任工作的开展落实需要有力的制度保证。企业社会责任制度包括社会责任沟通制度、信息统计制度、社会责任报告的编写发布等制度。

**示例：**

华润依据社会管理战略导向、文化融合、和谐发展、协同有效的原则，开展责任管理与践行，将社会责任管理理念和要求融入企业运营各项制度，构建激励有效、约束有力的社会责任管理制度体系。

经过多年实践，集团已形成了较为完善的社会责任制度体系。综合性制度主要对华润集团社会责任管理中的组织保障、规划推动、指标体系、沟通传播、检查考核、经费保障等进行规范。专项制度主要围绕集团关注的社会责任领域，就制度合规、科学决策、道德风险、资产安全、产品安全、权益维护、媒体关系、环境保护、绿色发展等议题加以规范。

——《2013 年华润(集团)有限公司社会责任报告》(P47)

## （三）责任融合（G3）

责任融合是指企业将 CSR 理念融入企业经营发展战略和日常运营，包括推进专项工作转变、推动下属企业履行社会责任、推动供应链合作伙伴履行社会责任等方面。

扩展指标 G3.1 推进下属企业社会责任工作

**指标解读：**本指标主要描述企业下属企业的社会责任工作情况，包括下属企业发布社会责任报告、对下属企业进行社会责任培训、在下属企业进行社会责任工作试点、对下属企业社会责任工作进行考核与评比等。

**示例：**

华润万家、华润燃气、华润医药、华润银行等集团下属企业通过在内网建立诚信宣传主页、在办公区开辟"廉洁诚信宣传栏"、开展"廉洁诚信宣传教育月"、举办"廉洁书画展"、看廉政片、上廉政课等活动在企业内部进一步营造了诚实守信、廉洁从业的文化氛围。

——《2013 年华润（集团）有限公司社会责任报告》(P24)

扩展指标 G3.2 推动供应链合作伙伴履行社会责任

**指标解读：**本指标包括两个层次：描述企业对合作机构、同业者以及其他组织履行社会责任工作的倡议；增强其他企业的社会责任意识。

**示例：**

华润集团作为央企，不仅将企业社会责任融入到自身的战略、发展的目标和企业经营方针中，同时，通过业务往来，积极带动自身供应链上的企业做好社会责任工作，通过供应商管理及沟通，引导供应商关注资源保护、生产安全、绿色采购、劳工保护、守法合规等，将责任履行推进到各行各业，推进到合作伙伴，共同推进经济、社会和环境的协调发展。

2013年8月，华润万家与可口可乐公司合作举办"空瓶换水"活动，在门店内组织消费者将家中的空瓶加1元来换取1瓶水，然后进行统一回收再利用，减少不可降解材质对土地的污染。此活动开展2个月，受到了广大媒体、消费者的赞扬和好评。

——《2013年华润（集团）有限公司社会责任报告》（P109）

## （四）责任绩效（G4）

CSR绩效是指企业建立社会责任指标体系，并进行考核评价，确保社会责任目标的实现，包括社会责任指标体系和社会责任考核评价等方面。

扩展指标 G4.1 构建企业社会责任指标体系

**指标解读：** 本指标主要描述企业社会责任评价指标体系的构建过程和主要指标。建立社会责任指标体系有助于企业监控社会责任的运行情况。

**示例：**

2013年，公司继续推进社会责任制度建设，制定了公司《社会责任实施意见（修订版）》和《社会责任工作指标体系1.0》，进一步完善了社会责任工作体系和指标体系，明确了社会责任工作目标和工作重点。公司利用指标体系对企业社会责任工作进行自我绩效评估，根据评估结果，优化、改进社会责任工作。积极指导下属企业正确理解和履行企业社会责任，编制发布社会责任报告。重新梳理各部门社会责任工作职责，明确各部门联络员工作职责和要求，加强培训交流，定期对各部门相关工作落实情况进行通报。

——《中国华电集团公司2013社会责任报告》（P10）

扩展指标 G4.2 依据企业社会责任指标进行绩效评估

**指标解读：** 本指标主要描述企业运用社会责任评价指标体系，对履行企业社会责任的绩效进行评价的制度、过程和结果。

**示例：**

为规范公司的社会责任管理工作，中国三星制定了《中国三星社会责任管理制度》，分为六个部分，共 25 个条款，为社会责任工作的开展提供了制度保障。2013 年，中国三星依据内部社会责任指标体系进行稳定化检查。三星中国总部组成专家小组，对旗下的生产工厂进行系统专业的考核，考核内容涉及员工权益、环境安全健康、守法经营、社会贡献、供应商管理等方面共计 41 个项目。对于办事处研究院等非生产企业，主要考核员工权益、守法经营和社会贡献 3 个方面，检查项目为 20 个。考核结果与各分支机构高层领导的年度考核直接挂钩。

——《2013 中国三星社会责任报告》（P17）

扩展指标 G4.3 企业社会责任优秀评选

**指标解读：**本指标主要描述企业内部的社会责任优秀单位、优秀个人评选或优秀实践评选相关制度、措施及结果。

**示例：**

公司举办第二届主题为"寻找好设备，汇聚金点子"的"金点奖"大赛，向设备供应商传递"好设备由好供应商制造"的理念，提高供应商创新能力，实现电网设备质量提升。大赛评选出 40 个"金点子"奖、2 个"好设备"特别奖和 15 个"好设备"奖。公司将落实这些优秀作品实践运用，推动大赛成果转化。

——《中国南方电网 2013 企业社会责任报告》（P62）

核心指标 G4.4 企业在经济、社会或环境领域发生的重大事故，受到的影响和处罚以及企业的应对措施

**指标解读：**如果报告期内企业在经济、社会或环境等领域发生重大事故，企业应在报告中进行如实披露，并详细披露事故的原因、现状和整改措施。

**示例：**

2013 年 5 月 31 日，林甸直属库发生大火，造成粮食损失约 1000 吨，

直接损失约 307.9 万元。灾后公司立即对受灾粮食进行清理，对受损后仍有使用价值的粮食作为工业原料进行处理，并将 4.1 万吨粮食转运至周边库点储存。同时启动保险理赔程序，配合展开保险理赔调查工作，尽最大可能减少损失。

我们认真吸取林甸火灾事故沉痛教训，厘清问题，采取多项措施全面加强安全生产工作。

强化安全生产责任制。公司调整成立了以总经理为主任的总公司安全生产委员会，公司系统各级单位相应成立由总经理、直属企业法定代表人具体负责的安全生产领导机构，把安全生产列入各级重要工作职责中，从组织上层层落实责任。

全面开展安全生产隐患排查治理。相继开展"打非治违"、安全生产大检查等专项行动，大力排查用火用电安全隐患，加大消防设施配备力度，并针对存在的用火用电隐患实施配电改造和防火改造，降低火灾风险。

加大安全储粮仓房建设和安全生产投入力度。针对东北粮食主产区仓容紧张、部分临时收储粮食露天存放、粮食收储仓容缺口较大的问题，公司组织专家完成《露天囤安全防火改造方案》和《新型露天储粮设施搭建方案》制定工作，提高露天囤搭建标准，申请 200 万吨应急罩棚项目，改善安全储粮的基本条件。

——《中国储备粮管理总公司 2012–2013 年社会责任报告》（P45）

## （五）责任沟通（G5）

责任沟通是指企业就自身社会责任工作与利益相关方开展交流，进行信息双向传递、接收、分析和反馈，包括利益相关方参与、CSR 内部沟通机制和外部 CSR 沟通机制等方面。

核心指标 G5.1 企业利益相关方名单

**指标解读：**利益相关方是企业的履责对象，企业必须明确与自身经营相关的利益相关方，并在报告中列举利益相关方名单。

示例：

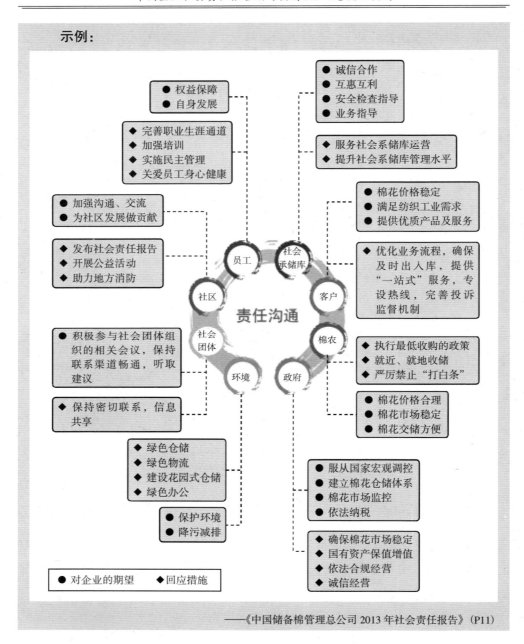

● 诚信合作
● 互惠互利
● 安全检查指导
● 业务指导

● 权益保障
● 自身发展

◆ 完善职业生涯通道
◆ 加强培训
◆ 实施民主管理
◆ 关爱员工身心健康

◆ 服务社会系储库运营
◆ 提升社会系储库管理水平

● 加强沟通、交流
● 为社区发展做贡献

● 棉花价格稳定
● 满足纺织工业需求
● 提供优质产品及服务

◆ 发布社会责任报告
◆ 开展公益活动
◆ 助力地方消防

◆ 优化业务流程，确保及时出入库，提供"一站式"服务，专设热线，完善投诉监督机制

员工　社会承储库　社区　客户　社会团体　棉农　环境　政府

责任沟通

● 积极参与社会团体组织的相关会议，保持联系渠道畅通，听取建议

◆ 执行最低收购的政策
◆ 就近、就地收储
◆ 严厉禁止"打白条"

◆ 保持密切联系，信息共享

● 棉花价格合理
● 棉花市场稳定
● 棉花交储方便

◆ 绿色仓储
◆ 绿色物流
◆ 建设花园式仓储
◆ 绿色办公

● 服从国家宏观调控
● 建立棉花仓储体系
● 棉花市场监控
● 依法纳税

● 保护环境
● 降污减排

● 确保棉花市场稳定
● 国有资产保值增值
● 依法合规经营
● 诚信经营

● 对企业的期望　◆ 回应措施

——《中国储备棉管理总公司 2013 年社会责任报告》（P11）

扩展指标　G5.2 识别及选择核心利益相关方的程序

**指标解读：**由于企业利益相关方众多，企业在辨识利益相关方时必须采用科学的方法和程序。

核心指标　G5.3 利益相关方的关注点和企业的回应措施

**指标解读**：本指标包含两个方面的内容：①对利益相关方的需求及期望进行调查；②阐述各利益相关方对企业的期望以及企业对利益相关方期望进行回应的措施。

**示例：**

| 利益相关方 | 对公司的诉求与期望 | 沟通与回应 |
|---|---|---|
| 中央政府（出资人） | "两个确保"、执行国家粮食调控任务 实现国有资产保值增值 建立现代企业制度 探索和引领我国粮食流通体制改革和产业发展 | 遵守法律法规 执行国家粮食宏观调控政策 健全企业规章制度 严格企业管理 |
| 农民 | 认真执行国家惠农政策 促进农民增收 提供优质服务和必要的帮助 | 保障农民权益、落实国家政策 结合轮换开展订单农业 |
| 消费者 | 安全、绿色的粮油 尊重消费者的知情权 | 研发、应用绿色仓储技术 保障粮食质量安全 公开产品信息 |
| 员工 | 实行企务公开 职业发展和价值实现 安全健康的工作环境 员工关爱 | 保障合法权益 建立职工代表大会制度 关心员工生活和健康 提供发展渠道 |
| 业务合作伙伴 | 信守合同，诚信经营 平等合作，互利共赢 | 提供信息服务 公平公开招标 提供培训，扩大合作 |
| 金融机构 | 共同执行好政策性任务 加强合作，降低信贷风险，提高资金回报 | 参与研究制定政策 开展银企直联、网银业务 |
| 社区 | 服务地方经济社会发展 促进社会就业 促进环境保护、资源节约 积极参与社会公益事业 | 社区走访慰问 定点扶贫 慈善捐助 大力开展节能减排工作 |
| 有关团体和媒体 | 塑造行业、企业的良好形象 推动行业、企业的可持续发展 | 参与行业交流 开展新闻宣传，多渠道增加信息披露 |

——《中国储备粮管理总公司 2012–2013 年社会责任报告》（P10）

核心指标　G5.4 企业内部社会责任沟通机制

**指标解读**：本指标主要描述企业内部社会责任信息的传播机制及媒介。企业内部社会责任沟通机制主要有：

● 内部刊物，如《社会责任月刊》、《社会责任通讯》等；

● 在公司网站建立社会责任专栏；

● 社会责任知识交流大会；

● CSR 内网等。

**示例：**

华孚集团高度重视提升员工的社会责任意识和社会责任理念的推广，专门在公司集团网站开辟了"社会责任"专栏，系统披露企业履行社会责任的内涵、制度、措施和绩效。

——《中国华孚贸易发展集团公司 2011 年社会责任报告》（P7）

核心指标　G5.5 企业外部社会责任沟通机制

**指标解读：** 本指标主要描述企业社会责任信息对外部利益相关方披露的机制及媒介，如发布社会责任报告、召开及参加利益相关方交流会议、工厂开放日等。

**示例：**

**利益相关方沟通和参与**

总公司重视与利益相关方的沟通，丰富沟通渠道、增加沟通频率，以增强公司的透明度，赢得利益相关方的认同、理解与支持。

建立新闻发布工作机制

落实新闻发言人和新闻发布机构职责，加强与媒体及外部利益相关方的沟通

建立联席会议制度

加强与省直有关部门的沟通协调，与省粮食行政管理部门、省农发行建立联席会议制度，定期交换工作，沟通信息，协调解决政策性粮油出库、整体接管库经营贷款、全省粮食库存检查、食用植物油普查等重大问题

加强社会责任信息披露

建立社会责任报告发布机制，从 2010 年起发布社会责任报告，系统披露社会责任信息。在公司门户网站建立"社会责任"专栏，实时披露社会责任信息

——《中国储备粮管理总公司 2012–2013 年社会责任报告》（P9）

核心指标 G5.6 企业高层领导参与的社会责任沟通与交流活动

**指标解读：**本指标主要描述企业高层领导人参加的国内外社会责任会议，以及会议发言、责任承诺等情况。

示例：

参加韩国商会举办的在华韩国企业社会责任论坛

——《2013 中国三星社会责任报告》（P18）

# （六）责任能力（G6）

责任能力是指企业通过开展社会责任课题研究、参与社会责任交流和研讨活动提升组织知识水平；通过开展社会责任培训与教育活动提升组织员工的社会责任意识。

扩展指标 G6.1 开展 CSR 课题研究

**指标解读：**由于社会责任是新兴课题，企业应根据社会责任理论与实践的需要自行开展社会责任调研课题，把握行业现状和企业自身情况，以改善企业社会责任管理，优化企业社会责任实践。

**示例：**

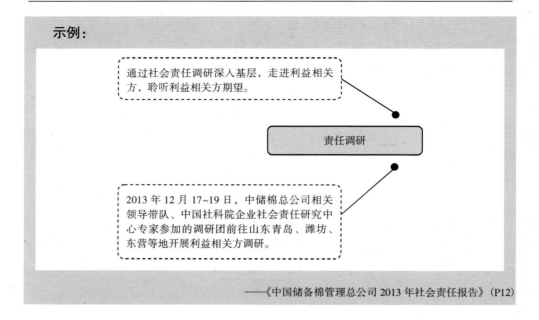

通过社会责任调研深入基层，走进利益相关方，聆听利益相关方期望。

责任调研

2013 年 12 月 17~19 日，中储棉总公司相关领导带队、中国社科院企业社会责任研究中心专家参加的调研团前往山东青岛、潍坊、东营等地开展利益相关方调研。

——《中国储备棉管理总公司 2013 年社会责任报告》（P12）

**扩展指标** G6.2 参与社会责任研究和交流

**指标解读：** 本指标主要指企业通过参与国内外、行业内外有关社会责任的研讨和交流、学习、借鉴其他企业和组织的社会责任先进经验，进而提升本组织的社会责任绩效。

**示例：**

2013 年，公司积极参加国务院国资委举办的中央企业社会责任管理提升专题培训班、社会责任专业机构组织的社会责任专题培训，与韩国三星集团、蒙古国企业社会责任考察团以及驻外使馆机构等进行社会责任工作交流探讨，不断提高社会责任管理专业能力和素质。

——《中国华电集团公司 2013 社会责任报告》（P16）

**扩展指标** G6.3 参加国内外社会责任标准的制定

**指标解读：** 企业参加国内外社会责任标准的制定一方面促进了自身社会责任相关议题的深入研究，另一方面也提升了社会责任标准的科学性、专业性。

**示例:**

公司积极支持中国特色企业社会责任标准制定，主动参与企业社会责任课题研究，加入"中国企业社会责任报告编写指南专家委员会"，为《中国企业社会责任报告编写指南（CASS-CSR 3.0)》的编制建言献策，参与《中国企业社会责任报告编写指南（CASS-CSR 3.0）——电力行业标准》的制定工作，为电力生产业社会责任报告编写标准的完善提供专业化意见。

——《中国华电集团公司 2013 社会责任报告》（P16）

核心指标 G6.4 通过培训等手段培育负责任的企业文化

**指标解读：** 企业通过组织、实施社会责任培训计划，提升员工的社会责任理念，使员工成为社会责任理念的传播者和实践者。

# 三、市场绩效（M 系列）

市场绩效描述企业在市场经济中负责任的行为。企业的市场绩效责任可分为对自身健康发展的经济责任和对市场上其他利益相关方（主要是客户和商业伙伴）的经济责任。

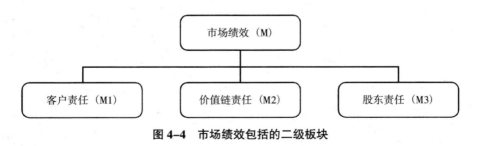

**图 4-4　市场绩效包括的二级板块**

## （一）客户责任（M1）

客户责任板块主要描述企业对客户的责任，包括仓储管理、优化仓容能力、信息化建设、完善客户服务、科研创新等内容。

### 1. 仓储管理

核心指标 M1.1 仓储管理的制度与措施

**指标解读：** 本指标是指以仓储产品的质量为核心，运用科学的管理原理和管理方法对产品进行储存和保管，从而为客户提供满足需求的产品和服务。

> **示例：**
>
> 为优化储备棉质量和品种结构，降低库存平均成本，中储棉总公司合理安排分港和入库计划，保质保量完成了进口棉入储工作。
>
> ——《中国储备棉管理总公司 2013 年社会责任报告》（P15）

核心指标 M1.2 仓储管理培训机制及投入

**指标解读：** 本指标主要指针对客户及员工开展仓储管理方面的知识宣传及培训活动。

核心指标 M1.3 仓储质量达标率

**指标解读：** 本指标主要指仓储产品的质量达到客户所需求标准的数量占总产品数量的比率。

仓储质量达标率＝达到标准的产品数量÷产品总数量

> **示例：**
>
> 2013 年，中央储备粮的达标率和宜存率均在 95%以上，最低收购价粮、国家临储粮达标率和宜存率均在 90%以上。
>
> ——《中国储备粮管理总公司 2012–2013 年社会责任报告》（P26）

### 2. 优化仓容能力

核心指标 M1.4 优化仓容能力的制度与措施

**指标解读：** 本指标主要指企业增强仓储能力，提高仓储效率而采取的制度与措施。

> **示例：**
>
> 公司始终将仓容保障工作摆在重中之重的位置，确保储备棉入库需求。

中储棉总公司在仓储企业中狠抓政策宣贯，全面组织仓容摸底，按照"有利于保护农民利益、有利于企业就近交储、有利于棉花安全储存、有利于监管、有利于调运"的原则，全力做好仓容保障工作。由于新疆仓容紧张，绝大多数棉花露天存放，给安全保管带来一定隐患。为此，公司及时安排收储棉花的调运计划，在铁道部门的大力支持下，三年来，共计调运棉花646万吨。

——《中国储备棉管理总公司2013年社会责任报告》（P16）

核心指标　M1.5 完善库点布局

**指标解读：** 本指标主要指企业通过推进库点体系建设，完善仓库分布的区域，从而提高仓储的统一运作与管控。

**示例：**

公司不断推进粮源收纳库点体系建设，将部分储备油脂油料向消费需求量大、加工能力集中的珠三角、长三角、环渤海区域以及国家重点投资建设仓储和油罐设施的区域集并，进一步提升粮食统一运作与管控能力。稳步推进直属库整体搬迁工作，有效提升库区安全、硬件水平和物流环境，实现与当地社会经济发展共赢。

——《中国储备粮管理总公司2012–2013年社会责任报告》（P40）

核心指标　M1.6 仓储设施更新

**指标解读：** 本指标主要指企业对仓储设备进行改造或更新，提高仓储能力，保证仓储产品质量。

**示例：**

总公司仓房还有相当部分建于1998年以前。为保证仓房设施完好、功能完整、提升仓储能力，2013年初总公司研究出台了《仓房维修资金管理暂行办法》，明确仓储基础设施的修护维修是企业经营期间必不可少的正常开支，分（子）公司每年要按照不低于辖区仓房固定资产原值的1%计算仓房修理费，并要专项安排资金。公司老旧仓房维修改造得到加强，使储粮安全的保障系数进一步提高。

——《中国储备粮管理总公司 2012-2013 年社会责任报告》（P41）

核心指标　　M1.7 仓储容量

**指标解读：**本指标主要指仓库中所能容纳物品的数量，是仓库内除去必要的通道和间隙后所能堆放物品的最大数量。

3. 信息化建设

核心指标　　M1.8 智能仓储建设

**指标解读：**本指标主要指通过各种举措和方法来提高仓储的智能化，优化仓容能力，提高仓储质量。

**示例：**

● 储粮平台　智能发展

以管理信息化、仓储智能化、办公自动化、决策科学化为主要工作内容，推出"6 + 3"智能化模式，即智能出入库、仓储信息管理、粮情监测、数量监测、智能安防、资金管理 6 个必选系统和智能通风、智能气调、智能烘干 3 个自选系统。

——《中国储备粮管理总公司 2012-2013 年社会责任报告》（P17）

扩展指标　　M1.9 提供网络信息服务

**指标解读：**本指标主要指企业为客户及供应链提供行业信息、咨询服务、政策分析、趋势判断等方面的服务。

**示例：**

信息中心 2013 年改进传统的信息更新模式，通过国家棉花市场监测系统平台、中国棉花网网站、棉花信息刊物、移动终端等多种媒介，提供市场趋势研判、专题调查报告、热点焦点问题跟踪分析解读和行业数据库查询等个性化、高端化服务。

——《中国储备棉管理总公司 2013 年社会责任报告》（P18）

#### 4. 完善客户服务

核心指标 **M1.10 客户关系管理体系**

**指标解读：** 本指标主要指以客户为中心，覆盖客户期望识别、客户需求回应以及客户意见反馈和改进的管理体系。

---

**示例：**

公司秉持"客户至上"的原则，以用心、精心、全心的"三心服务"，赢得了利益相关方的信任和支持，也赢得了良好的口碑。为了方便客户办理业务，设立储备棉服务大厅，集签订合同、查询服务、货款支付等流程于一体，为客户提供"一站式"服务。实行"预约"制度，提前安排出入库计划，引进"高空作业"，实现车上刷条码，全力缩短棉花出入库时间，提高效率。

——《中国储备棉管理总公司 2013 年社会责任报告》(P16)

---

核心指标 **M1.11 产品知识普及或客户培训**

**指标解读：** 本指标主要指对客户进行产品和服务知识宣传、普及的活动。

---

**示例：**

2013 年上半年，中储棉总公司全面完成了 2012 年度棉花临时收储工作，共入储 113 万吨棉花。2013 年 4 月，国家有关部门发布《2013 年度棉花临时收储预案》，决定仍按每吨 2.04 万元（公重）敞开收储。总公司及各所属单位及时召开专题会议，研究、部署收储政策调整带来的新问题；成立了专门的收储工作领导小组，统一协调指挥；抽调业务骨干分赴新疆及内地各省，组织 2013 年度棉花临时收储政策宣贯与业务流程培训，参训人数达2000 多人次。

——《中国储备棉管理总公司 2013 年社会责任报告》(P15)

---

扩展指标 **M1.12 客户沟通机制**

**指标解读：** 本指标主要指企业与客户保持良好的经常性沟通，与客户分享企业的信息，并收集客户的反馈，从而建立良好的合作关系。

**示例：**

由中国糖业酒类集团公司主办，自 1955 年举办以来，迄今已 87 届。早年每年举办一次，从 1984 年起，每年举办两届，分为春季和秋季。作为全国糖酒食品行业最大的信息平台、交易平台、展示平台、沟通平台和宣传平台，对于促进食品厂商之间的沟通和交流、食品的流通、行业的繁荣、促进经济发展和满足人民群众的消费需求，发挥着巨大的作用。

——《中国华孚贸易发展集团公司 2011 年社会责任报告》(P39)

核心指标 　M1.13 客户信息保护

**指标解读：** 本指标主要描述企业保护客户信息安全的理念、制度、措施及绩效。企业不应以强迫或欺骗的方式获得任何有关客户及消费者个人隐私的信息；除法律或政府强制性要求外，企业在未得到客户及消费者许可之前，不得把已获得的客户及消费者私人信息提供给第三方（包括企业或个人）。

核心指标 　M1.14 止损与赔偿

**指标解读：** 如企业提供的产品或服务被证明对客户及消费者的生命或财产安全存在威胁时，企业应立刻停止提供该类产品或服务，并做出公开声明，尽可能召回已售产品；对已造成损害的，应给予适当的赔偿。

核心指标 　M1.15 客户满意度调查及客户满意度

**指标解读：** 客户满意是指客户对某一产品或服务已满足其需求和期望的程度的意见，也是客户在消费或使用后感受到满足的一种心理体验。对客户满意程度的调查即客户满意度调查。

**示例：**

集团将客户服务作为不断提升工作质量的重要环节，积极开展客户满意度调查以了解客户需求，并在客户接待、日常配合、协调沟通、售后服务等方面持续提升服务水平。

集团下属久凌公司每半年进行一次客户满意度调查，由总部直接向客户项目负责人发放调查问卷。2013 年公司对客户满意度调查内容进行了完善，分为三大项：运作质量、服务、安全，运输项目、仓储项目均包含 13 个调查指标。

对质量评价未达"很满意"的项目，公司进行内部通告并敦促及时整改。对于整改结果，公司进行考核的同时向客户求证，力求做到客观了解、及时整改、落实提升。

——《中国外运长航 2013 企业社会责任报告》（P35）

核心指标 M1.16 积极应对客户投诉及客户投诉解决率

**指标解读**：所谓客户投诉，是指客户因对企业产品质量或服务上的不满意，而提出的书面或口头上的异议、抗议、索赔和要求解决问题等行为。

5. 科研创新

核心指标 M1.17 支持仓储技术创新的制度与措施

**指标解读**：本指标主要指企业通过建立鼓励创新的制度，形成鼓励科技创新的文化。

**示例：**

我们设立储粮科技专项资金，用于储藏技术的推广应用、新技术的研发以及技术创新奖励。2013 年公司系统新获得专利授权 22 项，专利总数累计达到了 131 项。公司在绿色储粮、安全储粮、散粮运输、信息技术等方面取得显著成效。

——《中国储备粮管理总公司 2012–2013 年社会责任报告》（P49）

扩展指标 M1.18 科技或研发投入

**指标解读**：本指标主要指在报告期内企业在科技或研发方面投入的资金总额。

扩展指标 M1.19 重大创新奖项

**指标解读**：本指标主要指报告期内企业获得的关于产品和服务创新的重大奖项。

**示例：**

国内贸易工程设计研究院设计的青岛港 6 万吨冷库自动控制技术研发、老冷库改造中的节能减排两个项目获得中国商业联合会科学技术奖。

——《中国华孚贸易发展集团公司 2011 年社会责任报告》（P32）

**扩展指标** M1.20 行业交流与合作

**指标解读**：本指标主要指报告期内企业通过参与或组织行业沟通，来推动行业发展。

> **示例：**
>
> 2013 年 7 月，洲际交易集团（ICE）与中储棉总公司在纽约合作举办了国际棉花论坛，信息中心努力搭建中美棉花行业交流平台，推动棉花产业的改革和发展。
>
> ——《中国储备棉管理总公司 2013 年社会责任报告》（P18）

## （二）价值链责任（M2）

企业的价值链有债权人、上游供应商、下游分销商、同业竞争者及其他社会团体。伙伴责任主要包括企业在促进产业发展、促进价值链履责、开展责任采购三个方面的理念、制度、措施、绩效及典型案例。

### 1. 价值链识别

**扩展指标** M2.1 识别并描述企业的价值链及责任影响

**指标解读**：识别企业的价值链是管理企业社会责任影响的基础。企业应识别其价值链上的合作伙伴及企业对价值链伙伴的影响。

> **示例：**
>
> 作为承担中央储备粮油经营管理的中央企业，公司经营业务的开展与"三农"密切相关。公司通过严格、准确执行政策性粮食收购政策，做到不压级压价、不抬级抬价，不给农民"打白条"，维护市场收购秩序和确保价格稳定，同时为农户提供产前、产中、产后服务，让农民受益于社会化服务，保护农民利益。
>
> ——《中国储备粮管理总公司 2012-2013 年社会责任报告》（P59）

**扩展指标** M2.2 企业在促进价值链履行社会责任方面的倡议和政策

**指标解读**：企业应利用其在价值链中的影响力，发挥自身优势，与价值链合作伙伴共同制定社会责任倡议和相关行业社会责任发展建议。

扩展指标 M2.3 企业对价值链成员进行的社会责任教育、培训

**指标解读：** 该指标主要描述企业对供应商、经销商等价值链伙伴进行社会责任培训或社会责任宣传教育的活动。

**示例：**

国家有关部委发布棉花临时收储预案后，总公司及各所属单位及时召开专题会议，研究、部署收储政策调整带来的新问题；成立了专门的收储工作领导小组，统一协调指挥；抽调业务骨干分赴新疆及内地各省，组织棉花临时收储政策宣贯与业务流程培训，每年参训人数达 2000 多人次。三年来，参加临时收储政策宣贯与业务流程培训人数达 7800 多人次。

——《中国储备棉管理总公司 2013 年社会责任报告》(P16)

扩展指标 M2.4 公司责任采购的制度及（或）方针

**指标解读：** 一般情况下，公司负责任采购程度由低到高可分为以下三个层次：

● 严格采购符合质量、环保、劳工标准，合规经营的公司的产品或（及）服务；

● 对供应商进行社会责任评估和调查；

● 通过培训等措施提升供应商履行社会责任的能力。

**示例：**

公司切实履行社会责任，积极做好公开、透明的物资集中采购工作。通过制定严格的采购标准和流程，致力于采购质优价廉、节能低碳、绿色环保的产品，不断提高公司的物资装备水平。大力推行电子化采购，保证采购信息公开、招标流程公开、采购结果公开，实现"一人采购，全员监督"的阳光采购。利用网上协议采购、定点采购、竞价采购等多种采购模式，为广大供应商提供公开、公平、公正的采购机会，建立完善的采购供应链管理体系，逐步优化与供应商的业务关系，形成优秀的供应商群体。目前与公司建立稳定合作关系的供应商有 201 家。

——《中国储备粮管理总公司 2012–2013 年社会责任报告》(P60)

**核心指标** M2.5 供应商通过质量、环境和职业健康安全管理体系认证的比率

**指标解读**：供应商通过质量、环境和职业健康安全管理体系认证可从侧面（或部分）反映供应商的社会责任管理水平。

2. 伙伴责任

**核心指标** M2.6 战略共享机制及平台

**指标解读**：本指标主要描述企业与合作伙伴（商业和非商业的）建立的战略共享机制及平台，包括但不限于以下内容：

● 长期的战略合作协议；

● 共享的实验基地；

● 共享的数据库；

● 稳定的沟通交流平台等。

---

**示例：**

中储棉总公司始终根据自身业务特点，充分利用央企资源优势，秉承"诚信经营"的理念，先后与多个地区签订战略合作协议，主动参与并大力推动当地社会就业和经济发展。

2013 年 6 月 28 日，中储棉总公司与江苏省如皋港区管理委员会举行"中储棉储备库项目签约仪式"，签订《中央直属棉花储备库建设协议书》，协议约定在如皋建设一座 5 万吨仓容的中央直属棉花储备库。项目建成后，该库将利用如皋港物流节点的各种优势，大力推进棉花物流体系建设，逐步发展成为集储备、保税、物流等业务于一体的现代企业，开展自主经营，拓展经营范围，为地方经济发展做贡献。

——《中国储备棉管理总公司 2013 年社会责任报告》(P33)

---

**核心指标** M2.7 诚信经营的理念与制度保障

**指标解读**：该指标主要描述确保企业对客户、供应商、经销商以及其他商业伙伴诚信的理念、制度和措施。

**示例：**

公司坚持"诚实守信、互利共赢"的原则，与业务伙伴积极开展多渠道合作，带动行业健康发展，同时加强与地方各级政府的沟通与交流，推动区域经济建设，努力实现与各个合作伙伴的共同发展与进步。

——《中国储备粮管理总公司 2012–2013 年社会责任报告》（P60）

核心指标 M2.8 公平竞争的理念及制度保障

**指标解读：** 公平竞争主要指企业在经营过程中遵守国家有关法律法规，遵守行业规范和商业道德，自觉维护市场秩序，不采取阻碍互联互通、掠夺性定价、垄断渠道资源、不正当交叉补贴、诋毁同业者等不正当竞争手段。

核心指标 M2.9 经济合同履约率

**指标解读：** 该指标主要反映企业的管理水平和信用水平。

经济合同履约率 =（截至考核期末实际履行合同份数）/考核期应履行合同总份数×100%

## （三）股东责任（M3）

股东责任主要包括股东权益保障机制与资产保值增值两个方面，其中股东权益保障机制用股东参与企业治理的政策和机制、保护中小投资者利益和规范信息披露进行表现，资产保值增值用资产的成长性、收益性和安全性三个指标进行表现。

1. 股东权益保护

核心指标 M3.1 股东参与企业治理的政策和机制

**指标解读：** 本指标主要描述股东参与企业治理的政策和机制，这些政策和机制包括但不限于股东大会、临时性股东大会等。

**示例：**

我们着力构建以董事会为最高决策机构的公司治理体系，充分发挥董事会在重大战略决策、风险管控、经理层管理等方面的作用，并充分尊重外部董事的独立性。我们发挥经理层在执行性事务中的作用，制定完善董事会及其专业委员会、经理层的议事规则和会议制度，建立经理层定期向董事会汇报工作机制。同时，监事会按照出资人的要求，认真履行职责，全面深化对企业经营管理活动的监督，积极开展各项检查，推动公司各项规章制度更加科学规范。

——《中国储备粮管理总公司 2012-2013 年社会责任报告》（P7）

核心指标 **M3.2 保护中小投资者利益**

**指标解读：** 本指标主要内容包括保证中小股东的知情权、席位、话语权以及自由转让股份权、异议小股东的退股权等。

核心指标 **M3.3 规范信息披露**

**指标解读：** 及时准确地向股东披露企业信息是履行股东责任不可或缺的重要环节，这些信息包括企业的重大经营决策、财务绩效和企业从事的社会实践活动。

企业应根据《中华人民共和国公司法》通过财务报表、公司报告等向股东提供信息。上市公司应根据《上市公司信息披露管理办法》向股东报告信息。

2. 财务绩效

核心指标 **M3.4 成长性**

**指标解读：** 本指标即报告期内营业收入及增长率等与企业成长性相关的其他指标。

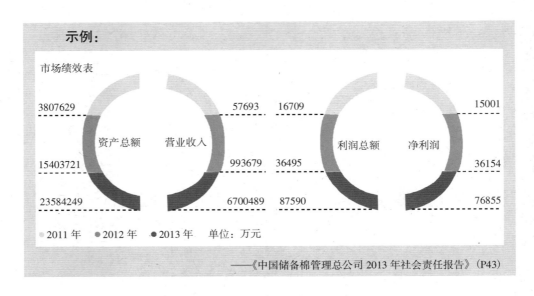

**示例：**

市场绩效表

| | 3807629 | | | 57693 | 16709 | | | 15001 |
| 资产总额 | 营业收入 | | 利润总额 | 净利润 |

——《中国储备棉管理总公司 2013 年社会责任报告》（P43）

核心指标 M3.5 收益性

**指标解读**：本指标即报告期内的净利润增长率、净资产收益率和每股收益等与企业经营收益相关的其他指标。

**示例：**

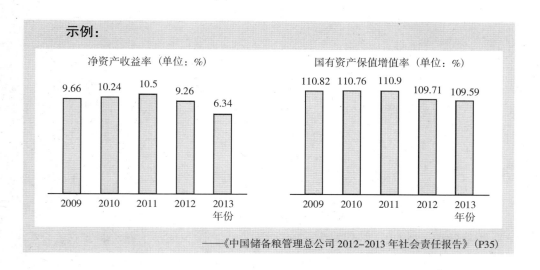

——《中国储备粮管理总公司 2012-2013 年社会责任报告》（P35）

核心指标 M3.6 安全性

**指标解读**：本指标即报告期内的资产负债率等与企业财务安全相关的其他指标。

**示例：**

| 指标单位 | 单位 | 2011 年 | 2012 年 | 2013 年 |
| --- | --- | --- | --- | --- |
| 国有资产保值增值率 | % | 112.24 | 126.16 | 141.77 |
| 资产负债率 | % | 96.37 | 98.87 | 98.87 |
| EVA | 万元 | 11689 | 51179 | 67931 |

——《中国储备棉管理总公司 2013 年社会责任报告》（P43）

# 四、社会绩效（S 系列）

社会绩效主要描述企业对社会责任的承担和贡献，主要包括安全生产、政府责任、员工责任和社区责任四个方面的内容。

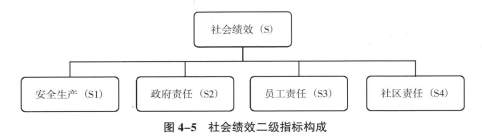

图 4-5　社会绩效二级指标构成

## （一）安全生产（S1）

安全生产主要包括安全生产管理、安全教育与培训、职业道德教育与培训、安全生产绩效四个板块。

1. 安全生产管理

核心指标　S1.1 安全生产管理体系

**指标解读**：本指标主要描述企业建立安全生产组织体系，制定和实施安全生产制度、采取有效防护措施等，以确保员工安全的制度和措施。

> **示例：**
>
> 中储棉总公司始终坚持"安全第一，预防为主，综合治理"的基本方针，不断创新安全管理工作机制，制定安全管理制度，逐步形成科学化、规范化的安全管理制度体系，为安全生产工作高效运行提供制度保障。
>
> ——《中国储备棉管理总公司 2013 年社会责任报告》（P21）

核心指标　S1.2 安全应急管理机制

**指标解读**：本指标主要描述企业在建立应急管理组织、规范应急处理流程、制定应急预案、开展应急演练等方面的制度和措施。

> **示例：**
>
> 加强安全生产应急管理是企业安全生产风险防控体系建设的重要环节。中储棉总公司自成立伊始，高度重视安全生产应急工作，开展安全应急救援培训，不断修订完善各直属库的突发事件应急救援预案。各直属库根据应急

预案要求，组织开展综合实战演练，提升应急响应意识和实战技能。

——《中国储备棉管理总公司 2013 年社会责任报告》（P22）

核心指标 S1.3 安全隐患排查

**指标解读：**本指标主要指针对生产运营中可能存在的安全隐患及问题进行排查，从而及时消除隐患，减少损失及伤亡。

**示例：**

中储棉总公司积极开展安全生产工作，进一步推进安全生产标准化一级达标建设，截至目前，已有 15 家试点所属单位已全部完成标准化一级达标企业的内部自评工作；成立总公司安全专家委员会，确保企业安全生产工作的专业化；持续推进安全大检查，及时排查和整改隐患。2013 年 6 月，总公司开展了年中安全大检查，共检查了近 100 家承储单位，对其中存在严重安全隐患的承储单位予以通报批评；2013 年 12 月，总公司开展了年底安全大检查，共检查了 118 家承储单位，对所有检查单位均下达了《检查意见书》，由专家起草并签署了该单位的《安全评估报告》，作为下一步对该库安全管理及库容考核、使用与管理的依据。

——《中国储备棉管理总公司 2013 年社会责任报告》（P21）

2. 安全教育与培训

核心指标 S1.4 安全教育与培训（企业内部和利益相关方）

**指标解读：**本指标主要描述企业实施确保员工安全的制度与措施，由于仓储产业链紧密相连，安全问题不仅仅是仓储企业自身的，更涉及其他利益相关方，例如供应商、客户等。

**示例：**

安全培训教育是提高企业全员安全素质的重要方式，是确保企业安全生产的重要手段。2013 年，中储棉总公司根据《安全生产法》等法律法规的要求，大力推进安全生产管理专项培训活动，提高总公司及各所属单位主要负责人和生产安全管理人员的安全责任意识与安全管理技能水平，全年组织完成了 14 期安全培训，参训人数达 1800 人次；组织总公司及各直属单位，参加国家安监总局组织的 2013 年中央企业安全生产管理人员安全资格培训班，并以优异的成绩获得《培训合格证书》。

——《中国储备棉管理总公司 2013 年社会责任报告》（P23）

核心指标　S1.5 安全培训绩效

**指标解读：** 本指标主要包括安全培训覆盖面、培训次数等数据。

**示例：**

| 安全生产培训次数（次） | | 安全生产培训人数（人） | |
|---|---|---|---|
| 2011 年 | 145 | 2011 年 | 1800 |
| 2012 年 | 198 | 2012 年 | 2000 |
| 2013 年 | 216 | 2013 年 | 1900 |

——《中国储备棉管理总公司 2013 年社会责任报告》（P24）

3. 职业道德教育与培训

扩展指标　S1.6 职业道德教育与培训

**指标解读：** 职业道德，指的是同职业活动紧密联系的符合职业特点所要求的道德准则、道德情操与道德品质的总和，既是对本职人员在职业活动中的行为标准和要求，同时又是职业对社会所负的道德责任与义务。仓储业职业道德教育与培训旨在增强员工的责任感，保障仓储安全。

扩展指标　S1.7 职业道德教育与培训绩效

**指标解读：** 本指标主要指职业道德教育与培训的培训人数、培训次数等数据。

4. 安全生产绩效

核心指标　S1.8 安全生产投入

**指标解读：** 本指标主要包括劳动保护投入、安全措施投入、安全培训投入等方面的费用。

核心指标　S1.9 安全生产事故数

示例：

重大安全生产事故数（次）

| 2011 年 | 0 |
| 2012 年 | 0 |
| 2013 年 | 0 |

——《中国储备棉管理总公司 2013 年社会责任报告》（P24）

核心指标 S1.10 员工伤亡人数

**指标解读：** 本指标主要包括员工工伤人数、员工死亡人数等数据。

示例：

员工伤亡人数（人）

| 2011 年 | 0 |
| 2012 年 | 0 |
| 2013 年 | 0 |

——《中国储备棉管理总公司 2013 年社会责任报告》（P24）

## （二）政府责任（S2）

政府责任主要包括守法合规、政策响应两个方面。

1. 守法合规

核心指标 S2.1 企业守法合规体系

**指标解读：** 本指标中主要描述企业的法律合规体系，包括守法合规理念、组织体系建设、制度建设等。

合规（Compliance）通常包含以下两层含义：①遵守法律法规及监管规定；②遵守企业伦理和内部规章以及社会规范、诚信和道德行为准则等。"合规"首先应做到"守法"，"守法"是"合规"的基础。

**示例：**

中储棉总公司坚持"防范法律风险、提升公司形象、发挥保障作用"的法制工作目标，积极开展法律管理专项提升活动，提高法务管理水平，为企业稳健发展提供法律保障。

——《中国储备棉管理总公司 2013 年社会责任报告》(P8)

核心指标 S2.2 守法合规培训

**指标解读：**本指标主要描述企业组织的守法合规培训活动，包括法律意识培训、行为合规培训、反腐败培训、反商业贿赂培训等。

**示例：**

中储棉总公司高度重视反腐败工作，总公司与各级领导干部签订《党风廉政建设责任书》，强化"一岗双责"，组织开展检查考核工作，形成了层层抓落实的党风廉政建设责任制。2013 年 7 月，制定了《中储棉总公司反腐倡廉工作任务分工的意见》，充分发挥监察、审计、组织、人事、财务、法务等部门的职能作用，不断强化责任，形成监督合力，使反腐倡廉建设的各项任务真正落到实处。

总公司坚持把反腐倡廉教育纳入企业培训计划，扎实推进反腐倡廉教育活动，严格执行新提拔干部廉政谈话，要求新任职人员在新的工作岗位上，严于律己，筑牢廉政思想防线。

——《中国储备棉管理总公司 2013 年社会责任报告》(P9)

核心指标 S2.3 禁止商业贿赂和商业腐败

**指标解读：**本指标主要描述企业在反腐败和反商业贿赂方面的制度和措施等。

商业贿赂行为是不正当竞争行为的一种，是指经营者为销售或购买商品而采用财物或者其他手段贿赂对方单位或者个人的行为。

商业腐败按对象可以划分为两种类型：一种是企业普通经营活动中的行贿受贿行为，即通常意义上的商业贿赂；另一种是经营主体为了赢得政府的交易机会或者是获得某种经营上的垄断特权而向政府官员提供贿赂。

示例：

公司全面落实《建立健全惩治和预防腐败体系实施办法（2013–2017年)》以及"推进计划"的要求，建立业务"防火墙"，扎实开展廉洁警示教育，严格防范商业贿赂和商业腐败，充分发挥党风廉政和反腐败工作建设作用，逐步完善参与决策、有效监督的制度。公司建立健全二级单位党组织，不断提高干部思想意识，充分发挥党员的模范作用。

——《中国储备粮管理总公司 2012–2013 年社会责任报告》(P37)

扩展指标　S2.4 企业守法合规审核绩效

**指标解读：**本指标包括企业规章制度的法律审核率、企业经济合同的法律审核率和企业重要经营决策的法律审核率。

核心指标　S2.5 纳税总额

**指标解读：**依法纳税是纳税人的基本义务。

示例：

2011 年，华孚集团实现营业收入 128.35 亿元，比 2006 年增长 109.96%；实现利润总额 1.45 亿元，比 2006 年增长 314.29%；上缴税金 6.66 亿元，比 2006 年增长 305.49%；截至 2011 年底，资产总额 102.3 亿元，比 2006 年增长 135.44%。

——《中国华孚贸易发展集团公司 2011 年社会责任报告》(P27)

2. 政策响应

核心指标　S2.6 响应国家政策

**指标解读：**响应国家政策是企业回应政府期望与诉求的基本要求。

示例：

| 利益相关方 | 对公司的诉求与期望 | 沟通与回应 |
| --- | --- | --- |
| 中央政府（出资人） | "两个确保"、执行国家粮食调控任务<br>实现国有资产保值增值<br>建立现代企业制度<br>探索和引领我国粮食流通体制改革和产业发展 | 遵守法律法规<br>执行国家粮食宏观调控政策<br>健全企业规章制度<br>严格企业管理 |

——《中国储备粮管理总公司 2012–2013 年社会责任报告》(P10)

**核心指标** S2.7 确保就业及（或）带动就业的政策或措施

**指标解读**：促进经济发展与扩大就业相协调是社会和谐稳定的重要基础。根据《中华人民共和国就业促进法》（2007），"国家鼓励各类企业在法律、法规规定的范围内，通过兴办产业或者拓展经营，增加就业岗位"、"国家鼓励企业增加就业岗位，扶持失业人员和残疾人就业"。

> **示例：**
>
> 公司充分利用物流平台作用，带动当地就业。咸阳物流中心在建材轻工市场建设过程中，新进商户 600 余家，带动就业人员 2000 多人；咸阳物流中心还积极帮助商户进行人员招聘和培训，通过定期检查并考评，提高了从业人员工作热情和积极性。
>
> ——《中储发展股份有限公司 2013 年企业社会责任报告》（P8）

**核心指标** S2.8 报告期内吸纳就业人数

**指标解读**：企业在报告期内吸纳的就业人数包括但不限于：应届毕业生、社会招聘人员、军转复原人员、农民工、劳务工等。

## （三）员工责任（S3）

员工责任主要包括员工基本权益保护、薪酬福利、平等雇佣、职业健康与安全、职业发展和关爱帮扶六大板块，每个板块又分为若干指标。

1. 基本权益保护

**核心指标** S3.1 劳动合同签订率

**指标解读**：劳动合同签订率指报告期内企业员工中签订劳动合同的比率。

> **示例：**
>
> 中储棉总公司严格遵守《劳动法》等相关法律法规，与员工在自愿平等、协商一致的基础上，签订劳动合同。

——《中国储备棉管理总公司 2013 年社会责任报告》（P27）

扩展指标 S3.2 集体谈判与集体合同覆盖率

**指标解读：**集体谈判是工会或个人组织与雇主就雇佣关系等问题进行协商的一种形式，其目的是希望劳资双方能够在一个较平等的情况下订立雇佣条件，以保障劳方应有的权益。

集体合同是指企业职工一方与用人单位就劳动报酬、工作时间、休息休假、劳动安全卫生、保险福利等事项，通过平等协商达成的书面协议。集体谈判是签订集体合同的前提，签订集体合同必须要进行集体协商。

核心指标 S3.3 民主管理

**指标解读：**根据《中华人民共和国公司法》、《中华人民共和国劳动法》、《中华人民共和国劳动合同法》等规定，企业实行民主管理主要有以下三种形式：职工代表大会、厂务公开以及职工董事、职工监事等。此外，职工民主管理委员会、民主协商会、总经理信箱等也是民主管理的重要形式。

**示例：**

中储棉总公司充分发挥职工代表大会、工会的职能和作用，拓宽员工参与民主管理的渠道和范围，完善厂务公开制度，支持员工参与公司决策、经营和日常管理，切实保障员工的知情权、表达权、参与权和监督权。

——《中国储备棉管理总公司 2013 年社会责任报告》（P28）

**扩展指标** S3.4 参加工会的员工比例

**指标解读：** 根据《中华人民共和国工会法》、《中国工会章程》等规定，所有符合条件的企业都应该依法成立工会，维护职工合法权益是工会的基本职责。

> **示例：**
>
> 集团建立和完善各级职工大会制度，充分发挥职工大会的作用，拓宽职工参与民主管理的渠道和范围。始终坚持企业民主管理，引导职工从企业发展的大局出发，参与企业民主管理、民主决策和民主监督，切实维护职工合法权益。员工入会率 100%。
>
> ——《中国华孚贸易发展集团公司 2011 年社会责任报告》（P37）

**扩展指标** S3.5 通过申诉机制申请、处理和解决的员工申诉数量

**指标解读：** 员工申诉是指员工在工作中认为受到不公正待遇或发现企业经营中不合规的行为等，通过正常的渠道反映其意见和建议。依据申诉对象的不同，员工申诉可分为企业内部申诉和企业外部申诉，即劳动仲裁，本指标所指的员工申诉主要指企业内部申诉。

**扩展指标** S3.6 雇员隐私管理

**指标解读：** 员工具有工作隐私权，赋予雇员隐私权是对雇员人格尊严的尊重。企业应建立覆盖招聘、考核等各人力资源管理环节的隐私管理。

**扩展指标** S3.7 兼职工、临时工和劳务派遣工权益保护

**指标解读：** 劳务派遣工指与由劳动行政部门资质认定，经工商部门注册登记的劳务型公司签订劳动合同或劳务合同后向实际用工单位进行劳务输出，从事劳动服务的一种用工形式，劳动者与劳务型公司建立劳动关系或劳务关系，由劳务型公司按规定发放工资、缴纳社会保险费，劳动者与劳务输入的实际用人单位不发生劳动关系和劳务关系，只是从事劳动服务。兼职工、临时工和劳务派遣工的权益保护问题主要包括同工同酬、福利待遇、职业培训与发展等。

> **示例：**
>
> 我们积极保障员工的合法权益，严格贯彻落实《劳动合同法》，重点加强合规用工、劳务派遣用工管理。
>
> ——《中国外运长航 2013 年企业社会责任报告》（P36）

2. 薪酬福利

核心指标 S3.8 按运营地划分员工最低工资和当地最低工资的比例

**指标解读：** 员工最低工资是指劳动者在法定工作时间提供了正常劳动的前提下，其所在用人单位必须按法定最低标准支付的劳动报酬，其中不包括加班工资、特殊工作环境的津贴、法律法规和国家规定的劳动者福利待遇等。

各地最低工资标准由省、自治区、直辖市人民政府规定。

核心指标 S3.9 社会保险覆盖率

**指标解读：** 本指标主要指企业正式员工中"五险一金"的覆盖比例。

---

**示例：**

2013 年，劳动合同签订率 100%，社会保险覆盖率 100%。

——《中国储备粮管理总公司 2012–2013 年社会责任报告》(P56)

---

扩展指标 S3.10 超时工作报酬

**指标解读：** 企业为超出法定工作时间而支付的报酬总额。其中法定工作时间由政府规定。

扩展指标 S3.11 每年人均带薪年休假天数

**指标解读：** 带薪年休假是指劳动者连续工作一年以上，就可以享受一定时间的带薪年假。其中，职工累计工作已满 1 年不满 10 年的，年休假 5 天；已满 10 年不满 20 年的，年休假 10 天；已满 20 年的，年休假 15 天。具体操作可参考 2007 年 12 月 7 日国务院第 198 次常务会议通过的《职工带薪年休假条例》。

**示例：**

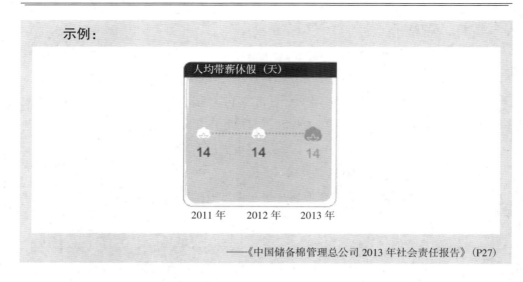

人均带薪休假（天）

14　　14　　14

2011 年　　2012 年　　2013 年

——《中国储备棉管理总公司 2013 年社会责任报告》（P27）

核心指标　S3.12 按雇佣性质（正式、非正式）划分的福利体系

**指标解读**：福利是员工的间接报酬，包括但不限于为减轻职工生活负担和保证职工基本生活而建立的各种补贴、为职工生活提供方便而建立的集体福利设施、为活跃职工文化生活而建立的各种文化体育设施等。

**示例：**

我们依法为员工缴纳各项社会保险和住房公积金，提供带薪年休假、探亲假、工龄补贴、通讯补贴、午餐补贴等多样化的福利。我们还为员工投保了意外伤害保险、重大疾病保险、雇主责任险、商业补充医疗保险等，使得员工在基本的社会保险的基础上拥有更加完备的医疗保障和人身健康保障。

——《中国外运长航 2013 年企业社会责任报告》（P59）

3. 平等雇佣

核心指标　S3.13 女性管理者比例

**指标解读**：管理人员主要指具体从事经营管理的人员，包括各级经理人如规划计划、人力资源、市场营销、资本运营、财务审计、生产管理、法律事务、质量安全环保、行政管理等部门经理、主管等。

示例：

| 社会绩效指标 | 2011 年 | 2010 年 | 2009 年 | 2008 年 | 2007 年 | 2006 年 |
|---|---|---|---|---|---|---|
| 女性管理者（人） | 498 | 458 | 444 | 469 | 414 | 344 |

——《中国华孚贸易发展集团公司 2011 年社会责任报告》（P28）

扩展指标 S3.14 少数民族或其他种族员工比例

**指标解读：**本指标主要指公司内部正式员工中少数民族或其他种族员工所占比例。

示例：

截至 2013 年底，公司共有员工 4.05 万人，其中女性员工 1.34 万人，男性员工 2.71 万人，分别占 33%、67%；少数民族员工 1660 人，占公司员工总数的 4.1%。我们积极响应国家政策，推动就业，不断为公司吸纳新鲜血液和优秀人才。

——《中国储备粮管理总公司 2012–2013 年社会责任报告》（P56）

扩展指标 S3.15 残疾人雇佣率或雇佣人数

**指标解读：**根据《中华人民共和国就业促进法》规定，"国家保障残疾人的劳动权利，用人单位招用人员，不得歧视残疾人。"

4. 职业健康与安全

扩展指标 S3.16 职业健康与安全委员会中员工占比

**指标解读：**职业健康与安全（管理）委员会是企业中对员工职业健康与安全进行管理的最高机构，员工担任委员会成员可以确保员工利益真正得到保证。

核心指标 S3.17 职业病防治制度

**指标解读：**企业需根据《中华人民共和国职业病防治法》以及《工作场所职业卫生监督管理规定》等政策法规，结合行业特征和企业实际，建立本企业的职业病防治制度。

示例：

我们持续推进中国外运长航的职业健康安全管理体系，严格开展职业危害分析、职业危害告知、作业环境现场监测、职业危害岗位体检、职业危害预防与控制，使员工的人身健康安全得到有力确保。同时，我们主动对员工的心理健康进行关怀，并通过多种方式帮助员工调解工作压力，使他们以良好的精神状态投入到工作中。

——《中国外运长航 2013 企业社会责任报告》（P39）

核心指标　S3.18 职业安全健康培训

**指标解读：**职业安全健康培训主要指企业针对员工开展的关于职业安全健康知识、预防等内容的培训。

**示例：**

公司秉承"健康至上"的理念，高度重视员工的身心健康。通过积极改善工作条件、加强职业病预防和控制，为员工创造健康的工作环境和工作条件。公司定期组织员工健身和体检，2013 年员工体检覆盖率达 100%，无职业病发生。公司同时组织多种形式的健康专题培训，加强对员工健康的关怀和保护。

——《中国储备粮管理总公司 2012–2013 年社会责任报告》（P56）

核心指标　S3.19 年度新增职业病和企业累计职业病

**示例：**

公司定期组织员工健身和体检，2013 年员工体检覆盖率达 100%，无职业病发生。

——《中国储备粮管理总公司 2012–2013 年社会责任报告》（P56）

扩展指标　S3.20 员工心理健康制度/措施

**指标解读：**员工心理健康是企业成功的必要因素，企业有责任营造和谐的氛围，帮助员工维持心理健康。

核心指标　S3.21 体检及健康档案覆盖率

**指标解读：**本指标指企业正式员工中年度体检的覆盖率和职业健康档案的覆

盖率。

**示例：**

| 指标单位 | 单位 | 2011 年 | 2012 年 | 2013 年 |
|---------|------|---------|---------|---------|
| 体检覆盖率 | % | 100 | 100 | 100 |

——《中国储备棉管理总公司 2013 年社会责任报告》（P44）

扩展指标 S3.22 向兼职工、劳务工和临时工及分包商职工提供同等的健康和安全保护

**指标解读：** 企业应向兼职工、劳务工和临时工及分包商职工提供同等的健康和安全保护。

**示例：**

成立由集团主要负责人任组长的规范用工领导小组，在全集团范围内下发《关于贯彻实施新修订的〈劳动合同法〉规范劳务派遣用工管理的通知》。

对劳务派遣用工情况进行调查，对于劳务派遣用工比例较高的单位下发风险提示单，逐一指出存在的问题，提出规范用工的指导建议；深入基层开展调研，形成调研报告并下发《关于进一步规范中国外运长航集团用工管理的指导意见》。

——《中国外运长航 2013 年企业社会责任报告》（P37）

5. 职业发展

核心指标 S3.23 员工职业发展通道

**指标解读：** 职业通道是指一个员工的职业发展计划，职业通道模式主要分三类：单通道模式、双通道模式、多通道模式。按职业性质又可分为管理类、技术类、研发类职业通道。

示例：

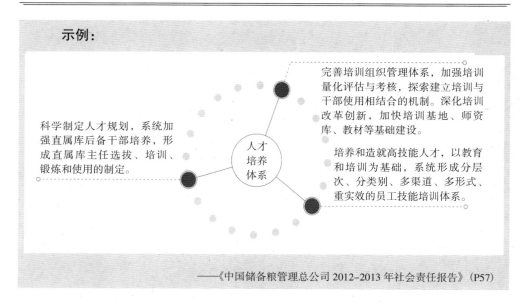

完善培训组织管理体系，加强培训量化评估与考核，探索建立培训与干部使用相结合的机制。深化培训改革创新，加快培训基地、师资库、教材等基础建设。

科学制定人才规划，系统加强直属库后备干部培养，形成直属库主任选拔、培训、锻炼和使用的制定。

人才培养体系

培养和造就高技能人才，以教育和培训为基础，系统形成分层次、分类别、多渠道、多形式、重实效的员工技能培训体系。

——《中国储备粮管理总公司 2012–2013 年社会责任报告》（P57）

核心指标　**S3.24 员工培训体系**

**指标解读：** 企业培训体系是指在企业内部建立一个系统的、与企业的发展以及员工个人成长相配套的培训管理体系、培训课程体系、培训师资体系以及培训实施体系。

示例：

中国外运长航在整合内、外部培训资源的基础上，重视组织开展具有针对性的培训，努力使培训资源真正为员工技能的提升发挥作用。同时，我们在集团总部各部门梳理职责，完善干部招聘流程，并加强各下属企业的交流任职。

● 分段围绕发展战略，集团逐步构建起覆盖集团各级员工的立体化、多层次的培训体系。2013 年，我们对《中国外运长航集团有限公司职能部室员工培训管理办法》进行了修订，并积极推进重点培训计划。

● 高级管理人员：组织 9 位高级管理人员参加国务院国有资产管理委员会、国家行政学院主办的"战略思维与领导能力"、"经济建设与经济体制改革"等研讨班和专题培训。

● 中层管理人员：组织 198 名中层管理人员参加为期 5 天的"企业领

导干部学习贯彻党的十八大精神集中轮训"，共同对宏观经济形势和行业发展趋势进行学习研讨。

● 后备干部：组织 28 位来自集团公司职能部门、二级子公司的青年后备干部参加了为期 5 天的后备干部培训班，培训内容涉及领导力提升、管理技能提升等内容。

● 专项管理岗位人员：组织集团相关部门 41 人次参加外部培训机构组织的审计、财务、信息、人力资源管理等专项岗位培训，集团公司各部门 88 名主管参加岗位知识与技能培训。

● 新员工：为集团北京地区 136 名新入职员工组织了为期四天的培训，通过集团介绍、户外拓展训练、职业技能训练增进新员工对集团的整体了解，并加强团队融合，提升职业化水平。

2013 年，集团培训费用总支出达 4282.35 万元，累计完成各项培训 78811 人次。

——《中国外运长航 2013 年企业社会责任报告》（P38）

---

核心指标  **S3.25 员工培训绩效**

**指标解读：**本指标主要包括人均培训投入、人均培训时间等培训绩效数。

**示例：**

2013 年员工培训投入 2077 万元，累计参训人员 40827 人次。

2013 年举办五期统计人员培训班，参训人员约 900 人次。

——《中国储备粮管理总公司 2012–2013 年社会责任报告》（P57）

---

**6. 关爱帮扶**

核心指标  **S3.26 困难员工帮扶措施及投入**

**指标解读：**本指标主要指企业在帮扶困难员工方面的政策措施以及资金投入。

**示例：**

公司深入展开多种形式的人文关怀活动，制定并实施《困难员工帮扶办法》，形成帮扶困难员工的长效机制，并做到了对公司系统所有企业全面覆盖，通过领导走访慰问、工友热心捐款，为新老员工排忧解难。

● 总公司帮扶资金管理委员会在过去 3 年召开 11 次专题会议，审议 19 家分（子）公司申报的 198 名特困员工帮扶申请，累计下拨帮扶资金近 300 万元；

● 吉林舒兰直属库为特困员工组织爱心捐款 11.94 万元；

● 兰州直属库员工组成 17 人的"无偿献血救助志愿者"队伍，踊跃献血救助工友。

——《中国储备粮管理总公司 2012–2013 年社会责任报告》（P58）

扩展指标　S3.27 为特殊人群（如孕妇、哺乳妇女等）提供特殊保护

**指标解读：**本指标主要指企业为孕妇、哺乳妇女等特殊人群提供的保护设施、保护措施以及特殊福利待遇。

**示例：**

中储棉武汉直属库积极为员工排忧解难，帮助员工解决工作、生活上的困难。2013 年，再次调整员工伙食，增加菜肴品种，提高伙食标准，注重伙食营养；花费近 8 万元修缮警消楼员工厕所和洗澡间；积极向省总工会为库内因车祸住院的员工父亲申请困难补贴；调整员工体检时间，由两年一次更改为每年一次；延长员工哺乳期半年等；积极开展帮贫帮困工作，2013 年为困难员工家庭献爱心送温暖，共资助 2.6 万元；开展"捐资助学"活动，将 3000 元爱心款送往外地两名贫困学生手中。

——《中国储备棉管理总公司 2013 年社会责任报告》（P29）

扩展指标　S3.28 尊重员工家庭责任和业余生活，确保工作生活平衡

**指标解读：**工作生活平衡，又称工作家庭平衡，是指企业帮助员工认识和正确看待家庭同工作间的关系，调和工作和家庭的矛盾，缓解由于工作家庭关系失衡而给员工造成压力。

**示例：**

中储棉总公司始终坚持"员工工作与生活平衡"的原则，重视人文关怀，为员工开展丰富多彩的娱乐文体活动，包括 10 周年联欢文艺汇演、爬山、职工运动会、摄影展等，丰富了员工生活，为员工营造了和谐轻松、积极健康的工作生活环境，同时促进员工之间的沟通与交流，增强企业凝聚力；高度重视困难员工生活，积极从物质上给予帮助。

——《中国储备棉管理总公司 2013 年社会责任报告》(P29)

## （四）社区责任（S4）

社区责任主要包括社区参与、公益慈善，每个板块又分为若干指标。

1. 社区参与

核心指标　 S4.1 评估企业进入或退出社区时对社区环境和社会的影响

**指标解读**：企业在新进入或退出社区时，除进行纯商业分析之外，还应该预先进行社区环境和社会影响评价与分析，积极采纳当地政府、企业和居民的合理建议。

**示例：**

基建项目

前期立项　环境保护及社会影响评价在立项阶段即纳入项目整体评估范畴。环境方面需考察废水、废弃、能源消耗、光污染等情况，并形成有针对性的环境影响评估报告，社会方面需充分考虑对项目所在地市场环境的影响、就业情况、交通、绿化、卫生及公共资源的影响，根据评估结果制定相应措施。

——《中国外运长航 2013 年企业社会责任报告》(P54)

核心指标　 S4.2 新建项目执行环境和社会影响评估的比率

**指标解读**：在我国，企业新建项目必须执行环境评估，但执行社会影响评估的比率较少。

扩展指标　 S4.3 企业开发或支持运营所在社区中具有社会效益的项目

**指标解读**：企业可通过支持社区成员创业与社区成员共享企业的福利设施等

形式，促进运营所在社区的经济社会发展。

> **示例：**
>
> 2013 年，公司将新疆维吾尔自治区伽师县作为定点扶贫单位，并积极开展帮扶工作，成立了"中储棉总公司扶贫工作领导小组"，由党委书记、总经理姚明烨同志担任组长，设立"中储棉总公司扶贫工作办公室"作为专职机构，由中储棉总公司储备部及中储棉新疆公司负责扶贫项目的具体实施；制订《中国储备棉管理总公司定点帮扶伽师县实施方案》，在制度层面保证扶贫工作的顺利推进。2013 年，公司共投入扶贫资金 150 万元，在交通道路建设、农牧业基础设施发展等方面积极开展工作，得到当地政府和群众的认可。
>
> ——《中国储备棉管理总公司 2013 年社会责任报告》（P33）

### 2. 公益慈善

核心指标  S4.4 企业公益方针或主要公益领域

**指标解读：**本指标主要指企业的社会公益政策以及主要的公益投放领域。

> **示例：**
>
> 中储棉总公司积极履行社会责任，投身社会公益事业，加强对贫困地区、受灾区等的帮扶力度，通过自身公益活动改善当地居民的生活。
>
> ——《中国储备棉管理总公司 2013 年社会责任报告》（P33）

扩展指标  S4.5 企业公益基金/基金会

**指标解读：**本指标主要描述企业成立的公益基金/基金会以及公益基金会/基金会的宗旨和运营领域。

> **示例：**
>
> | 2013 年重点志愿服务活动 | 参与人数 |
> | --- | --- |
> | 集团下属中国外运志愿者定点支持"随手基金会"的工作，送捐衣物，全年"爱心关怀"活动送捐 6000 余件衣物 | 2760 |
>
> ——《中国外运长航 2013 年企业社会责任报告》（P50）

核心指标 S4.6 捐赠总额

**指标解读：** 本指标主要指企业年度资金捐助以及年度物资捐助总额。

**示例：**

热心社会公益，向社会奉献爱心，是公司始终坚持的理念。公司持续多年开展定点扶贫和公益捐助等公益活动，积极回报社会，做负责任的企业公民。2012 年、2013 年公司捐赠总额分别为 899.63 万元、869.33 万元。

——《中国储备粮管理总公司 2012–2013 年社会责任报告》（P61）

核心指标 S4.7 企业支持志愿者活动的政策、措施

**指标解读：** 志愿服务是指不以获得报酬为目的，自愿奉献时间和智力、体力、技能等，帮助他人、服务社会的公益行为。

**示例：**

中储棉总公司鼓励员工积极参与志愿服务活动，践行和弘扬企业志愿精神，为社会赠爱心，为社会送温暖，为社会和谐发展贡献力量。2013 年，公司累计开展志愿服务活动 328 人次。

——《中国储备棉管理总公司 2013 年社会责任报告》（P34）

核心指标 S4.8 员工志愿者活动绩效

**指标解读：** 本指标主要指志愿者活动的时间、人次等数据。其中，志愿服务时间是指志愿者实际提供志愿服务的时间，以小时为计量单位，不包括往返交通时间。

**示例：**

**中储棉总公司员工志愿服务关键绩效表（2011–2013 年）**

| 指标 | 单位 | 2011 年 | 2012 年 | 2013 年 |
|------|------|---------|---------|---------|
| 志愿者活动人次 | 人次 | 312 | 315 | 328 |
| 志愿者活动时间 | 小时 | 585 | 595 | 572 |

——《中国储备棉管理总公司 2013 年社会责任报告》（P34）

# 五、环境绩效（E 系列）

环境绩效主要描述企业在节能减排、环境保护方面的责任贡献。仓储业的环境绩效责任主要包括绿色管理、绿色运营、绿色建设三大板块。

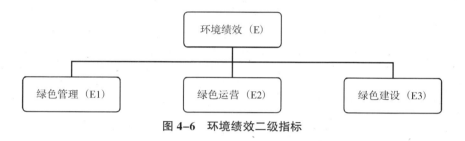

**图 4-6　环境绩效二级指标**

## （一）绿色管理（E1）

绿色管理包括环境管理体系、环保培训、环境信息公开三个板块，每个板块下有若干指标。

1. 环境管理体系

核心指标　E1.1 建立环境管理组织体系和制度体系

**指标解读：**企业应建立环境管理组织负责公司的环境管理工作，并制定相应计划、执行、检查、改进等环境管理制度。

> **示例：**
>
> 中储棉总公司及各所属单位积极贯彻绿色低碳发展理念，建立健全节能减排管理制度，加大节能减排投入力度，为公司及各单位的节能减排工作提供制度、人力、物力等方面的保障，为构建绿色家园贡献力量。
>
> ——《中国储备棉管理总公司 2013 年社会责任报告》（P37）

扩展指标　E1.2 参与或加入的环保组织或倡议

**指标解读：**本指标包括两个方面的内容，即企业加入的环保组织和企业参与的环保倡议。

核心指标　E1.3 环保总投入

**指标解读：**本指标是指年度投入环境保护的资金总额。

核心指标　E1.4 按类型划分的全年能源消耗总量（如汽油、柴油、天然气、电能、新能源等）

**指标解读：**本指标是指报告期内企业生产和运营所直接消耗的各种能源折合标准煤数量。纳入统计核算的常规能源产品（实物量）一般分为五大类，即煤、油、气、电、其他燃料。其中：

● 煤：包括原煤、洗精煤、其他洗煤、煤制品（型煤、水煤浆、煤粉）、焦炭、其他焦化产品、焦炉煤气、高炉煤气、其他煤气。

● 气：包括天然气、液化天然气。

● 油：包括原油、汽油、煤油、柴油、燃料油、液化石油气、炼厂干气、其他石油制品。

● 电：包括火电、水电及核电等其他一次电力。

● 其他燃料：包括煤矸石、生物质能、工业废料、城市固体垃圾；热力。

**示例：**

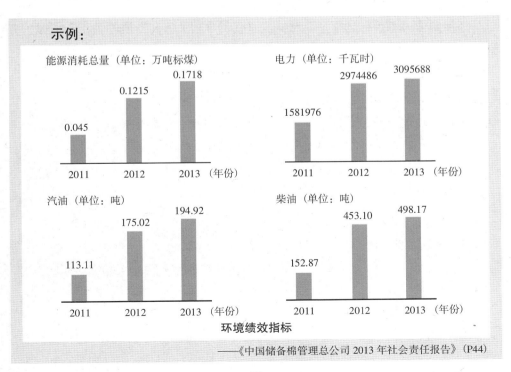

环境绩效指标

——《中国储备棉管理总公司 2013 年社会责任报告》（P44）

核心指标　E1.5 企业环境影响评价

**指标解读：**根据《中华人民共和国环境影响评价法》，环境影响评价是指对规划和建设项目实施后可能造成的环境影响进行分析、预测和评估，提出预防或者减轻不良环境影响的对策和措施，进行跟踪监测的方法与制度。

除国家规定需要保密的情形外，对环境可能造成重大影响、应当编制环境影响报告书的建设项目，建设单位应当在报批建设项目环境影响报告书前，举行论证会、听证会，或者采取其他形式，征求有关单位、专家和公众的意见。

**示例：**

我们重视基础设施建设项目的环境影响评估工作，不仅将对环境可能造成的影响进行评估，同时将预防或减轻不良环境影响的对策和措施进行公布并严格实施。

——《中国储备粮管理总公司 2012-2013 年社会责任报告》（P48）

2. 环保培训

核心指标　E1.6 环保培训与宣传教育

**指标解读：**本指标是指企业对员工（或利益相关方）开展的关于环境保护方面的培训或宣传教育活动。

**示例：**

我们加大环境保护、节能减排工作宣传力度，利用各种会议、宣传栏、简报、局域网等形式，广泛宣传有关方针政策、法律法规和标准规范，传播节能降耗知识和经验，使环保理念深入人心。我们组织节能减排培训，培训班采取案例教学、互动研讨及总结交流相结合的方式，总结节能减排措施、经验及成果，各分（子）公司对直属库节能减排工作统计员以及仓储技术骨干进行重点培训，深化环保意识。

——《中国储备粮管理总公司 2012-2013 年社会责任报告》（P48）

核心指标　E1.7 环保培训绩效

**指标解读：**本指标包括环保培训人数、环保培训投入、环保培训时间等。

3. 环境信息公开

扩展指标 E1.8 环境信息公开

**指标解读：**本指标指企业将其环境信息通过媒体、互联网等方式，或者通过公布企业年度环境报告的形式向社会公开。

企业应当按照自愿公开与强制性公开相结合的原则，及时、准确地公开企业环境信息。环境信息公开标准参照 2007 年原国家环保总局颁发的《环境信息公开办法（试行)》（总局令第 35 号）的管理规定执行。

根据相关规定，企业可自愿公开下列企业环境信息：

● 企业环境保护方针、年度环境保护目标及成效；

● 企业年度资源消耗总量；

● 企业环保投资和环境技术开发情况；

● 企业排放污染物种类、数量、浓度和去向；

● 企业环保设施的建设和运行情况；

● 企业在生产过程中产生的废物的处理、处置情况，废弃产品的回收、综合利用情况；

● 与环保部门签订的改善环境行为的自愿协议；

● 企业自愿公开的其他环境信息。

# （二）绿色运营（E2)

绿色运营主要包括绿色仓储、绿色包装与物流、绿色办公三个方面。

1. 绿色仓储

核心指标 E2.1 推行节能库房的措施及成效

**指标解读：**本指标主要指在库房的全生命周期内（包括选址、规划、设计、建造和使用），采用节能型的建筑材料、产品和设备，执行建筑节能标准，最大限度地节约资源（节能、节地、节水、节材），合理、有效地利用能源。

**示例：**

集团建设的 11 座中央直属储备肉冷库和 5 个中央直属储备糖库，从立项起就确定了科学合理利用资源、减少资源浪费和降低排放的目标，通过实施高标准设计，采用先进的技术和设备，大幅度降低用电量，从而达到节能降耗的目的。国内贸易工程设计研究院坚持贯彻节能减排理念，大力推进建筑节能。从设计节能标准抓起，加强了对建筑节能工程质量的监管，引进适宜技术，降低节能成本，使节能、节地、节水、节材和环境保护体现在每一个设计项目中。

——《中国华孚贸易发展集团公司 2011 年社会责任报告》(P32)

**核心指标** E2.2 设备节能技术研发与应用

**指标解读：**本指标是指企业通过改造高耗能设备，积极推广和研发新设备、新技术、新工艺，优化工艺流程，从而降低能源消耗、减少损失，提高仓储效率。

**示例：**

中央直属储备糖库通过改进仓库设施、设备，提高技术水平和工艺水平，确保库房密闭，电源线路完好，机械、电器设备运转良好，提高使用功效，降低能源损耗。

——《中国华孚贸易发展集团公司 2011 年社会责任报告》(P32)

**核心指标** E2.3 设备节能成效

**指标解读：**本指标是指通过研发节能技术，实施节能管理而产生的效果。

**示例：**

**2012–2013 年分（子）公司的节能成果**

| 分（子）公司 | 应用技术或装置 | 环保绩效 |
|---|---|---|
| 蓟县直属库 | 通过计算机与轴流风机联网，设定风机开启的温度、湿度范围及开启、关闭的时间，有效避免无效通风 | 确保仓内储粮粮情稳定的情况下，单仓通风能耗下降 0.004 千瓦·时/℃ |
| 老边直属库 | 对 500 吨烘干塔的锅炉顶部和换热器顶部铺设保温设施，从而降低热能损失 | 电能消耗减少 15500 度，煤炭用量比上年减少 141 吨 |
| 大连直属库 | 通过管线改造等方法，将库区原有三处采暖锅炉进行合并 | 年均节省燃煤 20% |
| 哈密直属库 | 对所有库房窗户采用苯板密封（接缝处做建筑材料密封处理），对平房仓门窗同时采取塑料薄膜压槽处理 | 强密闭性能使单仓通风电耗减少 100 度 |
| 南宁直属库 | 在存储玉米和稻谷的 3 个仓进行充氮作业尾气的重复利用试验，并采取尾气重复利用技术 | 充氮耗时减少 24–29 小时，节约电能近 1000 度 |

——《中国储备粮管理总公司 2012–2013 年社会责任报告》(P51)

## 2. 绿色包装与物流

核心指标　E2.4 推行绿色包装的制度

**指标解读**：绿色包装是指对生态环境和人类健康无害，能重复使用和再生，符合可持续发展的包装。企业应当采取制度和措施积极推进绿色包装的使用，从而减少废弃物，节约资源，保护环境。

核心指标　E2.5 包装减量化和包装物回收再利用的政策及绩效

**指标解读**：本指标是指绿色包装在满足保护、方便、销售等功能的条件下，使用量最少的适度包装，同时对包装物进行回收，通过改造进行再利用，减少资源消耗和废物产生。

核心指标　E2.6 推行绿色物流的措施及绩效

**指标解读**：本指标是指在物流过程中抑制物流对环境造成危害的同时，实现对物流环境的净化，使物流资源得到最充分的利用。

**示例：**

中储棉总公司坚持"就近收储"原则，分别在产棉区设收储库，这不仅便于企业就近交储，还降低物流运输中的费用消耗，让利于交储企业，让利于棉农。同时公司各直属单位积极做好车辆检查、维护保养、设备科学使用等工作，降低车辆损耗及油耗。2013 年绍兴直属库通过勤做车辆保养、提供科学使用夹包机等设备、禁止公车私用等多种措施的实施，降低了油耗和车辆损耗，减少了油资、车辆维修等费用共计 1 万余元。

——《中国储备棉管理总公司 2013 年社会责任报告》（P39）

核心指标　E2.7 废弃物回收与再利用的措施及成效

**指标解读**：本指标主要是指将废弃物直接作为产品或者经修复、翻新、再制造后继续作为产品使用，或者将废物的全部或者部分作为其他产品的部件予以使用。

**示例：**

长期以来，大米加工生产企业对大米副产品——"生稻壳"一直沿用焚烧这种高污染的处理方式，虽然成本低，但对周边环境污染严重。生稻壳作为绿色环保的钢铁工业辅料，可有效降低热能挥发，在冶铁炼钢等工业生产领域得到广泛应用。中储粮上海米业公司积极探索，寻求新的处理方式，与钢铁企业合作，将生稻壳运用到工业生产中，一方面适应钢铁企业现有生产工艺的需要，保证钢铁质量；另一方面大大提升生稻壳的利用价值。

——《中国储备粮管理总公司 2012-2013 年社会责任报告》（P52）

### 3. 绿色办公

核心指标 E2.8 绿色办公措施

**指标解读**：绿色办公政策或措施，包括但不限于以下内容：

● 夏季空调温度不低于 26 摄氏度；

● 办公区采用节能灯具照明，且做到人走灯灭；

● 办公区生活用水回收再利用；

● 推广无纸化办公，且打印纸双面使用；

● 办公垃圾科学分类；

● 推行视频会议减少员工出行等。

**示例：**

中储棉总公司及各直属库始终坚持绿色、节能的办公理念，主张节约一张纸、一度电、一滴水，积极推行绿色低碳办公模式，牢固树立员工低碳环保意识。

 **节约用水** 采用"脸盆方案"减少水资源浪费；防止"跑冒滴漏"，坚决避免"长流水"现象；对频繁使用的水龙头加装了限流装置。

 **节约用电**
● 节约照明用电；办公时间尽量减少开照明灯。
● 减少办公设备电耗和待机能耗；尽量减少开启和使用计算机、打印机、复印机等办公设备；有省电模式功能的办公设备，开启省电模式功能；下班必须关闭办公设备电源插线板总开关。
● 降低空调用电负荷：办公场所夏季日气温在 30 摄氏度以上方可使用空调，同时将温度控制在 26 摄氏度以上，并通过科学管理错开高峰用电负荷。

 **节约用纸** 推进无纸化办公，内部文件尽可能通过内网传阅；节约用纸，非正式公文打印纸张正反面使用，避免随意打印。

**节约发放办公用品** "按需订购"办公用品，避免办公用品的积压；员工"按需领取"办公用品，避免资源的浪费。

**加强公车使用管理** 提倡员工集中乘车，科学核定单车油耗定额，加强公务用车维修和保养；严格执行公车使用规定，合理安排出车，减少无谓浪费。

——《中国储备棉管理总公司 2013 年社会责任报告》（P40）

核心指标　E2.9 绿色办公绩效

**指标解读：** 包括办公用电量、用水量、用纸量以及垃圾处理量等方面的数据。

**示例：**

✿中储棉总公司绿色办公关键绩效表

2422501.62 度

2013 年中储棉总公司用电量

190524.74 吨

2013 年中储棉总公司用水总量

——《中国储备棉管理总公司 2013 年社会责任报告》（P40）

扩展指标　E2.10 减少公务旅行节约的能源

**指标解读：** 本指标指企业通过视频会议、电话会议等形式减少公务旅行，进而减少能源消耗。

## （三）绿色建设（E3）

绿色建设主要包括绿色仓库建设及环保公益两个方面。

### 1. 绿色仓库建设

核心指标　E3.1 建设绿色仓库的措施及成效

**指标解读：** 本指标主要描述公司在保护储备库厂区环境、创建绿色花园仓库的措施和成效。

**示例：**

徐州库非常重视库区的环境绿化工作，制定科学的规划方案和具体的养护措施。库区员工自己动手，开垦荒地，种植蔬菜，饲养家畜，经过两年的治理和美化，库区呈现一派和谐的田园风光。进入库区，会强烈地感受到自然美景的视觉冲击：花草树木吐艳，小桥流水潺潺，水池锦鲤群游，睡莲并蒂开放，整个库区夏秋蔬果飘香，四季绿色不断，处处呈现人与自然的和谐统一，充满奋发向上的勃勃生机。

——《中国储备棉管理总公司 2013 年社会责任报告》(P39)

**核心指标** E3.2 绿化率

**指标解读：**本指标主要指储备库区绿化面积占库区面积的比率。

**示例：**

中储棉总公司一直高度重视环境保护，加大对环境保护方面的资金投入，厂区周边绿化，创建花园式厂区，在防止污染、保护环境方面取得显著成效。截至 2013 年，中储棉总公司下属中央直属棉花储备库绿化面积达到 21%以上。

——《中国储备棉管理总公司 2013 年社会责任报告》(P39)

2. 环保公益

**核心指标** E3.3 环保公益活动

**指标解读：**环保公益活动是指企业提供人力、物资或资金赞助和支持某项环保公益事业的活动。

**扩展指标** E3.4 志愿者环保公益参与绩效

**指标解读：**本指标主要指企业志愿者参与环保公益的次数、人数等。

# 六、报告后记（A 系列）

报告后记部分主要包括对未来社会责任工作的展望、对报告的点评及评价、报告参考及索引、读者意见反馈四个方面。

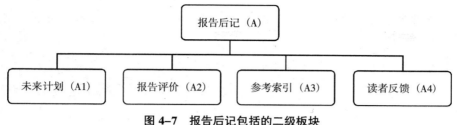

图 4-7　报告后记包括的二级板块

## （一）未来计划（A1）

本部分主要描述企业对公司社会责任工作四个方面（责任管理、市场绩效、社会绩效和环境绩效）的展望与规划。

**示例：**

展望 2014 年，公司将继续深入贯彻落实棉花宏观调控这一任务中心，积极构建"三大板块"，不断增强自身核心竞争力，朝着"做强做优、世界一流"的目标稳步前进。

促进企业科学发展。公司将进一步深化企业改革，继续围绕深入贯彻落实棉花宏观调控这一中心任务，推进管理提升工作，使公司向着储备保障有力、管理运转高效、核心竞争力强、社会形象优秀的世界一流棉花企业迈进。

持续服务宏观调控。公司将在"必须无条件完成好棉花宏观调控任务"的行动宗旨的引领下，做好充分准备，提前谋划，上下联动，充分沟通，全面推动业务流程再造，出色完成棉花宏观调控任务。

加大安全生产力度。公司将继续坚持"预防为主、防消结合、综合治理"的方针，不断强化"有岗必有责、上岗必守责"的意识，逐级落实安全生产责任制，建立健全事故处理预警机制和应急救援体系。

保障员工健康发展。公司将继续维护员工基本权益，保障员工职业健康，畅通职业发展通道，探索企业民主管理形式，深化人文关怀，促进企业和员工共同发展。

努力构建和谐社会。公司将继续发挥央企的资源优势，促进地方储库的建设，带动当地经济发展；继续投身社会公益事业，积极奉献爱心，热诚回馈社会。

继续深化环境管理。公司将继续坚持绿色低碳的理念，完善绿色管理制度，构建绿色仓储体系，完善绿色物流体系，实施绿色办公，努力构建环境友好型企业，促进企业和环境共生、共融、共发展。

——《中国储备棉管理总公司 2013 年社会责任报告》(P41)

## （二）报告评价（A2）

本部分主要描述社会责任专家或行业专家、利益相关方或专业机构对报告的评价。报告评价主要有以下四种形式：

（1）专家点评：由社会责任研究专家或行业专家对企业社会责任报告的科学性、可信性以及报告反映的企业社会责任工作信息进行点评；

（2）利益相关方评价：由企业的利益相关方（股东、客户、供应商、员工、合作伙伴等）对企业社会责任报告的科学性、可信性以及报告反映的企业社会责任工作信息进行评价；

（3）报告评级：由"中国企业社会责任报告评级专家委员会"从报告的完整性、实质性、平衡性、可比性、可读性和创新性等方面对报告做出评价，出具评级报告；

（4）报告审验：由专业机构对企业社会责任报告进行审验。

## （三）参考索引（A3）

本部分主要描述企业对本报告编写参考指南的应用情况，即对本报告编写参考指南要求披露的各条信息企业进行披露的情况。

**模板：《CASS-CSR 3.0 报告编写指南》指标索引**

| | 指标编号 | 指标描述 | 披露位置 | 披露情况 |
|---|---|---|---|---|
| 报告前言 | 1.1 | 报告可靠性保证 | 封面 | 完全采用 |
| | 1.2 | 报告的组织范围 | P1 | 完全采用 |
| | …… | …… | …… | …… |
| 责任管理 | G1.1 | 企业理念、愿景价值观 | P… | 完全采用 |
| | G1.2 | 风险、机遇及可持续发展分析 | P… | 部分采用 |
| | …… | …… | …… | …… |

续表

| | 指标编号 | 指标描述 | 披露位置 | 披露情况 |
|---|---|---|---|---|
| 市场绩效 | M1.1 | 投资者关系管理体系 | P… | 完全采用 |
| | M1.2.1 | 成长性 | P… | 完全采用 |
| | …… | …… | …… | …… |
| 社会绩效 | S1.1.1 | 对国家经济、社会和环境政策的实施情况 | P… | 完全采用 |
| | S1.2.1 | 企业纳税总额 | P… | 完全采用 |
| | …… | …… | …… | …… |
| 环境绩效 | E1.1 | 企业环境管理体系 | P… | 完全采用 |
| | E1.2 | 对员工进行培训的制度、措施与绩效 | P… | 部分采用 |
| | …… | …… | …… | …… |

## （四）读者反馈（A4）

本部分主要内容为读者意见调查表，以及读者意见反馈的渠道。

**模板：**

为了持续改进××公司社会责任工作及社会责任报告编写工作，我们特别希望倾听您的意见和建议。请您协助完成意见反馈表中提出的相关问题，并传真到+86–××–××××××××。您也可以选择通过网络（http：//www.×××.com）回答问题。

1. 报告整体评价（请在相应位置打"√"）

| 选项 | 很好 | 较好 | 一般 | 较差 | 很差 |
|---|---|---|---|---|---|
| 1. 本报告全面、准确地反映了××公司的社会责任工作现状？ | | | | | |
| 2. 本报告对利益相关方所关心的问题进行回应和披露？ | | | | | |
| 3. 本报告披露的信息数据清晰、准确、完整？ | | | | | |
| 4. 本报告的可读性，即报告的逻辑主线、内容设计、语言文字和版式设计？ | | | | | |

2. 您认为本报告最让您满意的方面是什么？

3. 您认为还有哪些您需要了解的信息在本报告中没有反映？

4. 您对我们今后的社会责任工作及社会责任报告发布有何建议？


如果方便，请告诉我们关于您的信息：

姓　　名：

职　　业：

机　　构：

联系地址：

邮　　编：

电　　话：

传　　真：

E-mail：

我们的联系方式是：

××公司××部门

中国××省（市）××区××路××号

邮政编码：××××××

电话：+86-××-××××××××

传真：+86-××-××××××××

E-mail：××@××.com

# 第五章  指标速查

# 一、行业特征指标表（28个）

| 指标名称 | 定性指标（●） | 核心指标（★） |
|---|---|---|
| | 定量指标（⊕） | 扩展指标（☆） |
| 市场绩效部分（9个） | | |
| 仓库管理的制度与措施 | ● | ★ |
| 仓储管理培训机制及投入 | ●/⊕ | ★ |
| 仓储质量达标率 | ⊕ | ★ |
| 优化仓容能力的制度与措施 | ● | ★ |
| 完善库点布局 | ● | ★ |
| 仓库设施更新 | ● | ★ |
| 仓储容量 | ⊕ | ★ |
| 智能仓储建设 | ● | ★ |
| 提供网络信息服务 | ● | ☆ |
| 社会绩效部分（10个） | | |
| 安全生产管理体系 | ● | ★ |
| 安全应急管理机制 | ● | ★ |
| 安全隐患排查 | ●/⊕ | ★ |
| 安全教育与培训（企业内部和利益相关方） | ●/⊕ | ★ |
| 安全培训绩效 | ⊕ | ★ |
| 职业道德教育与培训 | ● | ☆ |
| 职业道德教育与培训绩效 | ⊕ | ☆ |
| 安全生产投入 | ⊕ | ★ |
| 安全生产事故数 | ⊕ | ★ |
| 员工伤亡人数 | ⊕ | ★ |

续表

| 指标名称 | 定性指标（●） | 核心指标（★） |
|---|---|---|
| | 定量指标（⊕） | 扩展指标（☆） |
| 环境绩效部分（9 个） | | |
| 推行节能库房的措施及成效 | ● | ★ |
| 设备节能技术研发与应用 | ● | ★ |
| 设备节能成效 | ● | ★ |
| 推行绿色包装的制度 | ● | ★ |
| 包装减量化和包装物回收再利用的政策及绩效 | ●/⊕ | ★ |
| 推行绿色物流的措施及绩效 | ●/⊕ | ★ |
| 废弃物回收与再利用的措施及成效 | ● | ★ |
| 建设绿色仓库的措施及成效 | ● | ★ |
| 绿化率 | ⊕ | ★ |

# 二、核心指标表（108 个）

| 指标名称 | 定性指标（●） |
|---|---|
| | 定量指标（⊕） |
| 第一部分：报告前言（P 系列） | |
| （P1）报告规范 | |
| P1.2 报告信息说明 | ● |
| P1.3 报告边界 | ● |
| P1.4 报告体系 | ● |
| P1.5 联系方式 | ● |
| （P2）报告流程 | |
| P2.2 报告实质性议题选择程序 | ● |
| （P3）高管致辞 | |
| P3.1 企业履行社会责任的机遇和挑战 | ● |
| P3.2 企业年度社会责任工作成绩与不足的概括总结 | ● |
| （P4）企业简介 | |
| P4.1 企业名称、所有权性质及总部所在地 | ● |
| P4.2 企业主要品牌、产品及服务 | ● |
| P4.3 企业运营地域及运营架构，包括主要部门、运营企业、附属及合营机构 | ● |
| P4.4 按产业、顾客类型和地域划分的服务市场 | ●/⊕ |
| P4.5 按雇佣合同（正式员工和非正式员工）和性别分别报告从业员工总数 | ⊕ |

| 指标名称 | 定性指标 (●)<br>定量指标 (⊕) |
|---|---|
| (P5) 年度进展 | |
| P5.1 年度社会责任重大工作 | ●/⊕ |
| P5.2 年度责任绩效 | ⊕ |
| P5.3 年度责任荣誉 | ● |
| 第二部分：责任管理 (G 系列) | |
| (G1) 责任战略 | |
| G1.1 社会责任理念、愿景及价值观 | ● |
| G1.3 辨识企业的核心社会责任议题 | ● |
| (G2) 责任治理 | |
| G2.3 建立社会责任组织体系 | ● |
| G2.4 社会责任组织体系的职责与分工 | ● |
| (G4) 责任绩效 | |
| G4.4 企业在经济、社会或环境领域发生的重大事故，受到的影响和处罚以及企业的应对措施 | ●/⊕ |
| (G5) 责任沟通 | |
| G5.1 企业利益相关方名单 | ● |
| G5.3 利益相关方的关注点和企业的回应措施 | ● |
| G5.4 企业内部社会责任沟通机制 | ● |
| G5.5 企业外部社会责任沟通机制 | ● |
| G5.6 企业高层领导参与的社会责任沟通与交流活动 | ●/⊕ |
| (G6) 责任能力 | |
| G6.4 通过培训等手段培育负责任的企业文化 | ●/⊕ |
| 第三部分：市场绩效 (M 系列) | |
| (M1) 客户责任 | |
| M1.1 仓储管理的制度与措施 | ● |
| M1.2 仓储管理培训机制及投入 | ●/⊕ |
| M1.3 仓储质量达标率 | ⊕ |
| M1.4 优化仓容能力的制度与措施 | ● |
| M1.5 完善库点布局 | ● |
| M1.6 仓库设施更新 | ● |
| M1.7 仓储容量 | ⊕ |
| M1.8 智能仓储建设 | ● |
| M1.10 客户关系管理体系 | ● |
| M1.11 产品知识普及或客户培训 | ●/⊕ |
| M1.13 客户信息保护 | ● |
| M1.14 止损与赔偿 | ●/⊕ |
| M1.15 客户满意度调查及客户满意度 | ●/⊕ |

续表

| 指标名称 | 定性指标 (●)<br>定量指标 (⊕) |
|---|---|
| M1.16 积极应对客户投诉及客户投诉解决率 | ●/⊕ |
| M1.17 支持仓储技术创新的制度与措施 | ● |
| (M2) 价值链责任 | |
| M2.5 供应商通过质量、环境和职业健康安全管理体系认证的比率 | ⊕ |
| M2.6 战略共享机制及平台 | ● |
| M2.7 诚信经营的理念与制度保障 | ● |
| M2.8 公平竞争的理念及制度保障 | ● |
| M2.9 经济合同履约率 | ⊕ |
| (M3) 股东责任 | |
| M3.1 股东参与企业治理的政策和机制 | ● |
| M3.2 保护中小投资者权益 | ● |
| M3.3 规范信息披露 | ●/⊕ |
| M3.4 成长性 | ⊕ |
| M3.5 收益性 | ⊕ |
| M3.6 安全性 | ⊕ |
| 第四部分：社会绩效（S 系列） | |
| (S1) 安全生产 | |
| S1.1 安全生产管理体系 | ● |
| S1.2 安全应急管理机制 | ● |
| S1.3 安全隐患排查 | ●/⊕ |
| S1.4 安全教育与培训（企业内部和利益相关方） | ●/⊕ |
| S1.5 安全培训绩效 | ⊕ |
| S1.8 安全生产投入 | ⊕ |
| S1.9 安全生产事故数 | ⊕ |
| S1.10 员工伤亡人数 | ⊕ |
| (S2) 政府责任 | |
| S2.1 企业守法合规体系 | ● |
| S2.2 守法合规培训 | ●/⊕ |
| S2.3 禁止商业贿赂和商业腐败 | ● |
| S2.5 纳税总额 | ⊕ |
| S2.6 响应国家政策 | ● |
| S2.7 确保就业及（或）带动就业的政策或措施 | ● |
| S2.8 报告期内吸纳就业人数 | ⊕ |
| (S3) 员工责任 | |
| S3.1 劳动合同签订率 | ⊕ |
| S3.3 民主管理 | ● |

| 指标名称 | 定性指标（●）<br>定量指标（⊕） |
|---|---|
| S3.8 按运营地划分员工最低工资和当地最低工资的比例 | ⊕ |
| S3.9 社会保险覆盖率 | ⊕ |
| S3.12 雇佣性质（正式、非正式）划分的福利体系 | ● |
| S3.13 女性管理者比例 | ⊕ |
| S3.17 职业病防治制度 | ● |
| S3.18 职业安全健康培训 | ●/⊕ |
| S3.19 年度新增职业病和企业累计职业病 | ●/⊕ |
| S3.21 体检及健康档案覆盖率 | ⊕ |
| S3.23 员工职业发展通道 | ● |
| S3.24 员工培训体系 | ● |
| S3.25 员工培训绩效 | ⊕ |
| S3.26 困难员工帮扶措施及投入 | ●/⊕ |
| （S4）社区责任 | |
| S4.1 评估企业进入或退出社区时对社区环境和社会的影响 | ● |
| S4.2 新建项目执行环境和社会影响评估的比例 | ⊕ |
| S4.4 企业公益方针或主要公益领域 | ● |
| S4.6 捐赠总额 | ⊕ |
| S4.7 企业支持志愿者活动的政策、措施 | ● |
| S4.8 员工志愿者活动绩效 | ⊕ |
| 第五部分：环境绩效（E系列） | |
| （E1）绿色管理 | |
| E1.1 建立环境管理组织体系和制度体系 | ● |
| E1.3 环保总投入 | ⊕ |
| E1.4 按类型划分的全年能源消耗总量（如汽油、柴油、天然气、电能、新能源等） | ⊕ |
| E1.5 企业环境影响评价 | ● |
| E1.6 环保培训与宣传教育 | ●/⊕ |
| E1.7 环保培训绩效 | ⊕ |
| （E2）绿色运营 | |
| E2.1 推行节能库房的措施及成效 | ● |
| E2.2 设备节能技术研发与应用 | ● |
| E2.3 设备节能成效 | ● |
| E2.4 推行绿色包装的制度 | ● |
| E2.5 包装减量化和包装物回收再利用的政策及绩效 | ●/⊕ |
| E2.6 推行绿色物流的措施及绩效 | ●/⊕ |
| E2.7 废弃物回收与再利用的措施及成效 | ● |
| E2.8 绿色办公措施 | ● |
| E2.9 绿色办公绩效 | ⊕ |

续表

| 指标名称 | 定性指标（●） |
|---|---|
| | 定量指标（⊕） |
| （E3）绿色建设 | |
| E3.1 建设绿色仓库的措施及成效 | ● |
| E3.2 绿化率 | ⊕ |
| E3.3 环保公益活动 | ● |
| 第六部分：报告后记（A 系列） | |
| （A1）未来计划：公司对社会责任工作的规划 | ●/⊕ |
| （A2）报告评价：社会责任专家或行业专家、利益相关方或专业机构对报告的评价 | ● |
| （A4）读者反馈：读者意见调查表及读者意见反馈渠道 | ● |

# 三、通用指标表（160 个）

| 指标名称 | 定性指标（●） | 核心指标（★） |
|---|---|---|
| | 定量指标（⊕） | 扩展指标（☆） |
| 第一部分：报告前言（P 系列） | | |
| （P1）报告规范 | | |
| P1.1 报告审核程序或审核结果 | ● | ☆ |
| P1.2 报告信息说明 | ● | ★ |
| P1.3 报告边界 | ● | ★ |
| P1.4 报告体系 | ● | ★ |
| P1.5 联系方式 | ● | ★ |
| （P2）报告流程 | | |
| P2.1 报告编写流程 | ● | ☆ |
| P2.2 报告实质性议题选择程序 | ● | ★ |
| P2.3 利益相关方参与报告过程的程序和方式 | ● | ☆ |
| （P3）高管致辞 | | |
| P3.1 企业履行社会责任的机遇和挑战 | ● | ★ |
| P3.2 企业年度社会责任工作成绩与不足的概括总结 | ● | ★ |
| （P4）企业简介 | | |
| P4.1 企业名称、所有权性质及总部所在地 | ● | ★ |
| P4.2 企业主要品牌、产品及服务 | ● | ★ |
| P4.3 企业运营地域及运营架构，包括主要部门、运营企业、附属及合营机构 | ● | ★ |
| P4.4 按产业、顾客类型和地域划分的服务市场 | ●/⊕ | ★ |

| 指标名称 | 定性指标（●） | 核心指标（★） |
| --- | --- | --- |
| | 定量指标（⊕） | 扩展指标（☆） |
| P4.5 按雇佣合同（正式员工和非正式员工）和性别分别报告员工总数 | ⊕ | ★ |
| P4.6 列举企业在协会、国家或国际组织中的会员资格 | ● | ☆ |
| P4.7 报告期内关于组织规模、结构、所有权或供应链的重大变化 | ● | ☆ |
| （P5）年度进展 | | |
| P5.1 年度社会责任重大工作 | ●/⊕ | ★ |
| P5.2 年度责任绩效 | ⊕ | ★ |
| P5.3 年度责任荣誉 | ● | ★ |
| 第二部分：责任管理（G系列） | | |
| （G1）责任战略 | | |
| G1.1 社会责任理念、愿景及价值观 | ● | ★ |
| G1.2 企业签署的外部社会责任倡议 | ● | ☆ |
| G1.3 辨识企业的核心社会责任议题 | ● | ★ |
| G1.4 企业社会责任规划 | ●/⊕ | ☆ |
| （G2）责任治理 | | |
| G2.1 社会责任领导机构 | ● | ☆ |
| G2.2 利益相关方与企业最高治理机构之间沟通的渠道或程序 | ● | ☆ |
| G2.3 建立社会责任组织体系 | ● | ★ |
| G2.4 社会责任组织体系的职责与分工 | ● | ★ |
| G2.5 社会责任管理制度 | ● | ☆ |
| （G3）责任融合 | | |
| G3.1 推进下属企业社会责任工作 | ●/⊕ | ☆ |
| G3.2 推动供应链合作伙伴履行社会责任 | ●/⊕ | ☆ |
| （G4）责任绩效 | | |
| G4.1 构建企业社会责任指标体系 | ● | ☆ |
| G4.2 依据企业社会责任指标进行绩效评估 | ●/⊕ | ☆ |
| G4.3 企业社会责任优秀评选 | ● | ☆ |
| G4.4 企业在经济、社会或环境领域发生的重大事故，受到的影响和处罚以及企业的应对措施 | ●/⊕ | ★ |
| （G5）责任沟通 | | |
| G5.1 企业利益相关方名单 | ● | ★ |
| G5.2 识别及选择核心利益相关方的程序 | ● | ☆ |
| G5.3 利益相关方的关注点和企业的回应措施 | ● | ★ |
| G5.4 企业内部社会责任沟通机制 | ● | ★ |
| G5.5 企业外部社会责任沟通机制 | ● | ★ |
| G5.6 企业高层领导参与的社会责任沟通与交流活动 | ●/⊕ | ★ |

| 指标名称 | 定性指标（●）<br>定量指标（⊕） | 核心指标（★）<br>扩展指标（☆） |
|---|:---:|:---:|
| （G6）责任能力 | | |
| G6.1 开展 CSR 课题研究 | ● | ☆ |
| G6.2 参与社会责任研究和交流 | ● | ☆ |
| G6.3 参加国内外社会责任标准的制定 | ● | ☆ |
| G6.4 通过培训等手段培育负责任的企业文化 | ●/⊕ | ★ |
| 第三部分：市场绩效（M 系列） | | |
| （M1）客户责任 | | |
| M1.1 仓储管理的制度与措施 | ● | ★ |
| M1.2 仓储管理培训机制及投入 | ●/⊕ | ★ |
| M1.3 仓储质量达标率 | ⊕ | ★ |
| M1.4 优化仓容能力的制度与措施 | ● | ★ |
| M1.5 完善库点布局 | ● | ★ |
| M1.6 仓库设施更新 | ● | ★ |
| M1.7 仓储容量 | ⊕ | ★ |
| M1.8 智能仓储建设 | ● | ★ |
| M1.9 提供网络信息服务 | ● | ☆ |
| M1.10 客户关系管理体系 | ● | ★ |
| M1.11 产品知识普及或客户培训 | ●/⊕ | ★ |
| M1.12 客户沟通机制 | ● | ☆ |
| M1.13 客户信息保护 | ● | ★ |
| M1.14 止损与赔偿 | ●/⊕ | ★ |
| M1.15 客户满意度调查及客户满意度 | ●/⊕ | ★ |
| M1.16 积极应对客户投诉及客户投诉解决率 | ●/⊕ | ★ |
| M1.17 支持仓储技术创新的制度与措施 | ● | ★ |
| M1.18 科技或研发投入 | ⊕ | ☆ |
| M1.19 重大创新奖项 | ● | ☆ |
| M1.20 行业交流与合作 | ● | ☆ |
| （M2）价值链责任 | | |
| M2.1 识别并描述企业的价值链及责任影响 | ● | ☆ |
| M2.2 企业在促进价值链履行社会责任方面的倡议和政策 | ● | ☆ |
| M2.3 企业对价值链成员进行的社会责任教育、培训 | ●/⊕ | ☆ |
| M2.4 公司责任采购的制度及（或）方针 | ● | ☆ |
| M2.5 供应商通过质量、环境和职业健康安全管理体系认证的比率 | ⊕ | ★ |
| M2.6 战略共享机制及平台 | ● | ★ |
| M2.7 诚信经营的理念与制度保障 | ● | ★ |
| M2.8 公平竞争的理念及制度保障 | ● | ★ |

续表

| 指标名称 | 定性指标（●）<br>定量指标（⊕） | 核心指标（★）<br>扩展指标（☆） |
|---|---|---|
| M2.9 经济合同履约率 | ⊕ | ★ |
| （M3）股东责任 | | |
| M3.1 股东参与企业治理的政策和机制 | ● | ★ |
| M3.2 保护中小投资者利益 | ● | ★ |
| M3.3 规范信息披露 | ●/⊕ | ★ |
| M3.4 成长性 | ⊕ | ★ |
| M3.5 收益性 | ⊕ | ★ |
| M3.6 安全性 | ⊕ | ★ |
| 第四部分：社会绩效（S系列） | | |
| （S1）安全生产 | | |
| S1.1 安全生产管理体系 | ● | ★ |
| S1.2 安全应急管理机制 | ● | ★ |
| S1.3 安全隐患排查 | ●/⊕ | ★ |
| S1.4 安全教育与培训（企业内部和利益相关方） | ●/⊕ | ★ |
| S1.5 安全培训绩效 | ⊕ | ★ |
| S1.6 职业道德教育与培训 | ● | ☆ |
| S1.7 职业道德教育培训绩效 | ⊕ | ☆ |
| S1.8 安全生产投入 | ⊕ | ★ |
| S1.9 安全生产事故数 | ⊕ | ★ |
| S1.10 员工伤亡人数 | ⊕ | ★ |
| （S2）政府责任 | | |
| S2.1 企业守法合规体系 | ● | ★ |
| S2.2 守法合规培训 | ●/⊕ | ★ |
| S2.3 禁止商业贿赂和商业腐败 | ● | ★ |
| S2.4 企业守法合规审核绩效 | ⊕ | ☆ |
| S2.5 纳税总额 | ⊕ | ★ |
| S2.6 响应国家政策 | ● | ★ |
| S2.7 确保就业及（或）带动就业的政策或措施 | ● | ★ |
| S2.8 报告期内吸纳就业人数 | ⊕ | ★ |
| （S3）员工责任 | | |
| S3.1 劳动合同签订率 | ⊕ | ★ |
| S3.2 集体谈判与集体合同覆盖率 | ●/⊕ | ☆ |
| S3.3 民主管理 | ● | ★ |
| S3.4 参加工会的员工比例 | ⊕ | ☆ |
| S3.5 通过申诉机制申请、处理和解决的员工申诉数量 | ●/⊕ | ☆ |
| S3.6 员工隐私管理 | ● | ☆ |
| S3.7 兼职工、临时工和劳务派遣工权益保护 | ● | ☆ |

续表

| 指标名称 | 定性指标（●）<br>定量指标（⊕） | 核心指标（★）<br>扩展指标（☆） |
|---|---|---|
| S3.8 按运营地划分员工最低工资和当地最低工资的比例 | ⊕ | ★ |
| S3.9 社会保险覆盖率 | ⊕ | ★ |
| S3.10 超时工作报酬 | ⊕ | ☆ |
| S3.11 每年人均带薪年休假天数 | ⊕ | ☆ |
| S3.12 按雇佣性质（正式、非正式）划分的福利体系 | ● | ★ |
| S3.13 女性管理者比例 | ⊕ | ★ |
| S3.14 少数民族或其他种族员工比例 | ⊕ | ☆ |
| S3.15 残疾人雇佣率或雇用人数 | ⊕ | ☆ |
| S3.16 职业健康与安全委员会中员工占比 | ⊕ | ☆ |
| S3.17 职业病防治制度 | ● | ★ |
| S3.18 职业安全健康培训 | ●/⊕ | ★ |
| S3.19 年度新增职业病和企业累计职业病 | ●/⊕ | ★ |
| S3.20 员工心理健康制度/措施 | ● | ☆ |
| S3.21 体检及健康档案覆盖率 | ⊕ | ★ |
| S3.22 向兼职工、劳务工和临时工及分包商职工提供同等的健康和安全保护 | ●/⊕ | ☆ |
| S3.23 员工职业发展通道 | ● | ★ |
| S3.24 员工培训体系 | ● | ★ |
| S3.25 员工培训绩效 | ⊕ | ★ |
| S3.26 困难员工帮扶措施及投入 | ●/⊕ | ★ |
| S3.27 为特殊人群（如孕妇、哺乳妇女等）提供特殊保护 | ● | ☆ |
| S3.28 尊重员工家庭责任和业余生活，确保工作生活平衡 | ● | ☆ |
| (S4) 社区责任 | | |
| S4.1 评估企业进入或退出社区时对社区环境和社会的影响 | ● | ★ |
| S4.2 新建项目执行环境和社会影响评估的比率 | ⊕ | ★ |
| S4.3 企业开发或支持运营所在社区中具有社会效益的项目 | ● | ☆ |
| S4.4 企业公益方针或主要公益领域 | ● | ★ |
| S4.5 企业公益基金/基金会 | ● | ☆ |
| S4.6 捐赠总额 | ⊕ | ★ |
| S4.7 企业支持志愿者活动的政策、措施 | ● | ★ |
| S4.8 员工志愿者活动绩效 | ⊕ | ★ |
| 第五部分：环境绩效（E 系列） | | |
| (E1) 绿色管理 | | |
| E1.1 建立环境管理组织体系和制度体系 | ● | ★ |
| E1.2 参与或加入的环保组织或倡议 | ● | ☆ |
| E1.3 环保总投入 | ⊕ | ★ |
| E1.4 按类型划分的全年能源消耗总量（如汽油、柴油、天然气、电能、新能源等） | ⊕ | ★ |

续表

| 指标名称 | 定性指标（●） | 核心指标（★） |
| --- | --- | --- |
| | 定量指标（⊕） | 扩展指标（☆） |
| E1.5 企业环境影响评价 | ● | ★ |
| E1.6 环保培训与宣传教育 | ●/⊕ | ★ |
| E1.7 环保培训绩效 | ⊕ | ★ |
| E1.8 环境信息公开 | ● | ☆ |
| （E2）绿色运营 | | |
| E2.1 推行节能库房的措施及成效 | ● | ★ |
| E2.2 设备节能技术研发与应用 | ● | ★ |
| E2.3 设备节能成效 | ● | ★ |
| E2.4 推行绿色包装的制度 | ● | ★ |
| E2.5 包装减量化和包装物回收再利用的政策及绩效 | ●/⊕ | ★ |
| E2.6 推行绿色物流的措施及绩效 | ●/⊕ | ★ |
| E2.7 废弃物回收与再利用的措施及成效 | ● | ★ |
| E2.8 绿色办公措施 | ● | ★ |
| E2.9 绿色办公绩效 | ⊕ | ★ |
| E2.10 减少公务旅行节约的能源 | ●/⊕ | ☆ |
| （E3）绿色建设 | | |
| E3.1 建设绿色仓库的措施及成效 | ● | ★ |
| E3.2 绿化率 | ⊕ | ★ |
| E3.3 环保公益活动 | ● | ★ |
| E3.4 志愿者环保公益参与绩效 | ⊕ | ☆ |
| 第六部分：报告后记（A 系列） | | |
| （A1）未来计划：公司对社会责任工作的规划 | ●/⊕ | ★ |
| （A2）报告评价：社会责任专家或行业专家、利益相关方或专业机构对报告的评价 | ● | ★ |
| （A3）参考索引：对本指南要求披露指标的采用情况 | ● | ☆ |
| （A4）读者反馈：读者意见调查表及读者意见反馈渠道 | ● | ★ |

# 管理篇

# 第六章　报告全生命周期管理

社会责任报告全生命周期管理是指企业在社会责任报告编写和使用的全过程中对报告进行全方位的价值管理，充分发挥报告在利益相关方沟通、公司社会责任绩效监控方面的作用，将报告作为提升公司社会责任管理水平的有效工具。社会责任报告全生命周期管理涉及组织、参与、界定、启动、撰写、发布和反馈7个过程要素（见图6-1）：

（1）组织：建立社会责任报告编写的组织体系并监控报告编写过程；

（2）参与：利益相关方参与报告编写全过程；

（3）界定：确定报告的边界和实质性议题；

（4）启动：召开社会责任报告编写培训会暨启动会；

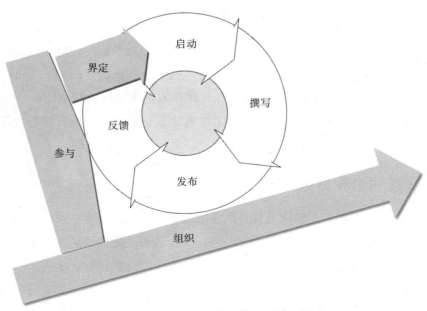

**图6-1　企业社会责任报告全生命周期管理模型**

（5）撰写：搜集素材并撰写报告内容；

（6）发布：确定发布形式和报告使用方式；

（7）反馈：总结报告编写过程，向利益相关方进行反馈，并向企业内部各部门进行反馈。

其中，组织和参与是社会责任报告编写的保证，贯穿报告编写的全部流程。界定、启动、撰写、发布和反馈构成一个闭环的流程体系，通过持续改进报告编制流程，从而提升报告质量和公司社会责任管理水平。

# 一、组织

## （一）建立工作组的原则

建立科学有效的社会责任报告工作组是报告编写的保障。建立工作组遵循以下原则：

（1）关键领导参与：关键领导参与可以将社会责任报告与公司发展战略进行更好的融合，同时保障社会责任报告编写计划能够顺利执行；

（2）外部专家参与：外部专家参与可以提供独立的视角，保障报告的科学性和规范性，能够将外部专业性和内部专业性进行有效的结合；

（3）核心工作团队稳定：稳定的工作团队有助于工作的连续性；

（4）核心工作团队紧密联系：核心工作团队可通过定期会议等形式保持紧密联系。

## （二）工作组成员组成

社会责任报告工作组成员分为核心团队和协作团队两个层次。其中，核心团队的主要工作是制订报告编写计划、进行报告编写；协作团队的主要工作是为核心团队提供报告编写素材和建议。工作组具体成员构成如图 6-2 所示。

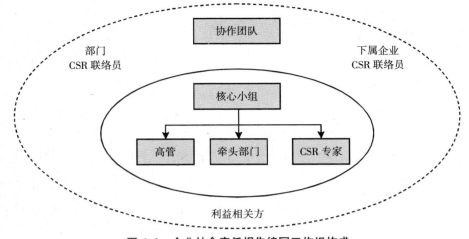

图 6-2　企业社会责任报告编写工作组构成

## （三）工作组成员分工与职责

社会责任报告工作组成员构成既包括外部专家也包括内部职能部门，既包括高层领导也包括下属企业。在报告编写的前期、中期和后期，各成员分工和职责如图 6-3 所示。

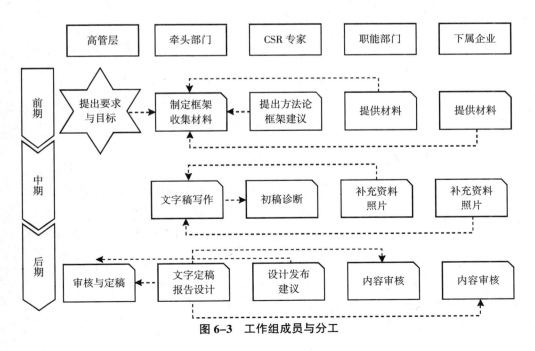

图 6-3　工作组成员与分工

**案例：华润集团报告编写组织体系**

华润集团在社会责任报告编写过程中建立了由集团董事办牵头组织、其他部室和战略业务单元/一级利润中心共同参与的社会责任报告组织体系。集团董事办负责社会责任报告的报送、公告、宣传及推广工作，并组织集团有关部室、战略业务单元/一级利润中心成立报告编制小组，编制版位表，组织报告起草、内容指导、统筹协调、综合统稿、总结评价等工作。

华润集团 2012 年社会责任报告起草小组成员构成：

**主报告：** 朱虹波、徐莲子、宋贵斌、周文涛、虞柏林、莫炳金、张娜、何叙之、杨坤（集团董事会办公室），章曦（战略管理部），刘辉（人力资源部），何书泉（法律事务部），王学艺（财务部）。

**分报告：** 熊浪（华润五丰），孟兰君（华润饮料），张建春（华润医药），汪红、李宗弦（华润银行），吴志鹏（华润纺织），池丽春（华润物业）。

**独立报告：** 姜艳、马少君（华润万家），姜宇（华润雪花啤酒），杜剑梅（华润电力）。

**主报告有关章节责编：** 朱虹波、徐莲子、宋贵斌、周文涛、虞柏林。

**分报告责编：** 熊浪、孟兰君、张建春、汪红、吴志鹏、池丽春。

**策划、组织与统稿：** 朱虹波。

**主编：** 朱金坤（华润集团副总经理、华润慈善基金会理事长）。

# 二、参与

企业在编写社会责任报告的过程中应积极邀请内外部利益相关方参与。参与过程涉及以下三个方面（见图 6-4）：

（1）参与目的：明确企业邀请利益相关方参与时要实现的价值，如了解期望、建立关系、借鉴其知识体系等；

（2）参与者：明确邀请哪类相关方参与以及邀请的具体人员；

（3）参与范围：明确相关方的参与时间和程度。

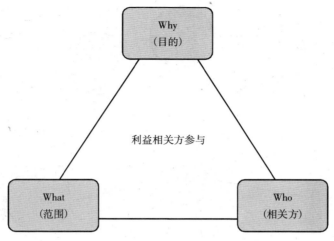

**图6-4　利益相关方参与报告编写的三要素**

## （一）利益相关方参与报告编写的价值

在报告编写过程中积极邀请外部利益相关方参与具有以下作用：

（1）通过参与了解利益相关方的期望，在社会责任报告中做出针对性回应；

（2）通过参与建立一种透明的关系，进而建立双方的信任基础；

（3）汇聚利益相关方的资源优势（知识、人力和技术），解决企业在编写社会责任报告过程中遇到的问题；

（4）通过参与过程学习利益相关方的知识和技能，进而提升企业的组织和技能；

（5）通过在报告编写过程中的坦诚、透明的沟通，影响利益相关方的观点和决策。

## （二）识别利益相关方

利益相关方是指受企业经营影响或可以影响企业经营的组织或个人。企业的利益相关方通常包括政府、顾客、投资者、供应商、雇员、当地社区、NGO、竞争者、工会、媒体学者、行业协会等，如图6-5所示。

由于企业利益相关方较多，企业在选择参与对象时需按照利益相关方对企业的影响力以及利益相关方对企业的关注程度进行关键利益相关方识别（见图6-6）。

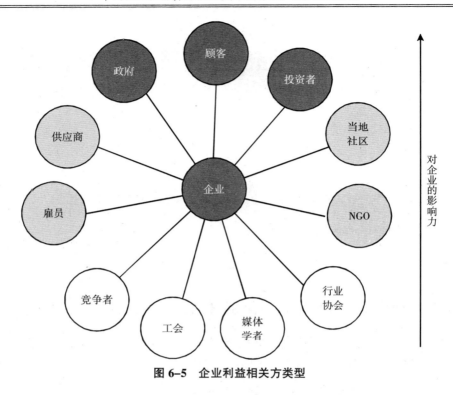

图 6-5 企业利益相关方类型

（1）对企业具有"高影响高关注"、"中影响高关注"、"高影响中关注"和"中影响中关注"的利益相关方，企业在编写社会责任报告过程中应积极邀请其参与；

（2）对企业具有"高影响低关注"的利益相关方，企业在编写社会责任报告过程中应争取让其参与；

（3）对企业具有"低影响高关注"的利益相关方，企业在编写社会责任报告过程中应尽量让其参与；

（4）对其他利益相关方，企业在社会责任报告编写完成后应履行告知义务。

## （三）确定参与形式

在确定利益相关方参与人员后，应确定不同利益相关方的参与形式。按照参与程度划分，利益相关方参与社会责任报告编写主要有三种形式，即告知、咨询与合作，如表 6-1 所示。

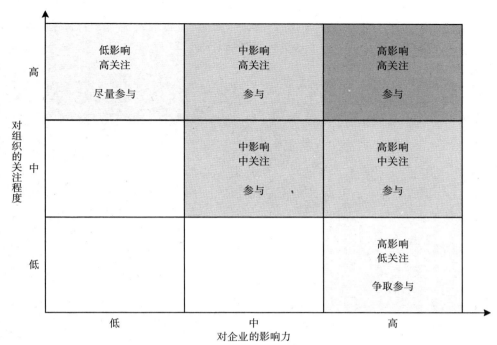

**图 6-6  利益相关方筛选原则**

**表 6-1  利益相关方参与的形式和价值**

|  | 性　质 | 形　　式 | 价　　值 |
|---|---|---|---|
| 告知 | 被动 | ①邮件<br>②通信<br>③简报<br>④发布会 | 将报告编写过程和结果第一时间告诉利益相关方，与相关方建立透明的关系 |
| 咨询 | 积极 | ①问卷调查<br>②意见征求会<br>③专题小组<br>④研讨会<br>⑤论坛 | 针对性回应利益相关方的期望，倾听相关方意见，与相关方建立信任关系 |
| 合作 | 积极 | ①联合成立工作组<br>②组成虚拟工作组 | 与利益相关方紧密合作，与相关方建立伙伴关系 |

**案例：中国移动倾听利益相关方意见**

　　中国移动高度重视利益相关方参与和沟通，将利益相关方关注的议题和期望作为社会责任报告的重点内容。中国移动在利益相关方参与和沟通方面的主要做法和经验有：

（1）2010 年，中国移动制定《中国移动通信集团利益相关方沟通手册》，对利益相关方沟通的方式、流程和工具进行了规定，确保利益相关方参与和沟通有章可循；

（2）在报告编制前召开利益相关方座谈会，倾听利益相关方对社会责任报告的意见和建议；

（3）开设总裁信箱，总裁信箱设立两年来，近 3000 封来自客户、合作伙伴、员工的信件得到及时回复和妥善处理；

（4）发布《中国移动每日舆情摘要》，对社会公众关注的热点问题及时跟踪和反馈；

（5）积极举办客户接待日、媒体沟通会等利益相关方沟通活动。

# 三、界定

## （一）明确报告组织边界

报告的组织边界是指与企业相关的组织应纳入报告的披露范围。企业通常可以按照以下四个步骤确定报告的组织边界。

**第一步：明确企业价值链**

企业按照上游、中游和下游明确位于企业价值链的各个组织体，在明确价值链的基础上，列出与企业有关的组织体名单。一般来说，企业价值链主要构成组织体包括：

（1）上游：当地社区、供应商；

（2）中游：员工、股东、商业伙伴、NGO、研究机构；

（3）下游：分销商、零售商、顾客。

**第二步：根据"控制力"和"影响力"二维矩阵明确报告要覆盖的组织体**

列出与企业有关的组织体名单后，企业应根据"企业对该组织体的控制力"和"该组织体活动对企业的影响"两个维度将企业分为以下四类。其中，A 类、

B 类和 C 类三类组织体应纳入报告覆盖范围，如图 6-7 所示。

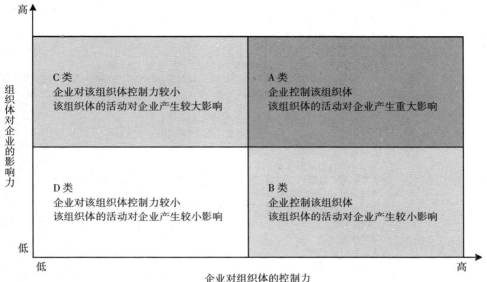

**图 6-7　界定报告范围原则**

### 第三步：确定披露深度

在明确报告覆盖范围后，应针对不同类别明确不同组织体的披露深度：

（1）对 A 类组织体：企业应披露对该组织体的战略和运营数据；

（2）对 B 类组织体：企业应披露对该组织体的战略和管理方法；

（3）对 C 类组织体：企业应披露对该组织体的政策和倡议。

### 第四步：制订披露计划

在确定披露深度后，企业应根据运营和管理的实际对不同组织体制订相应的披露计划。

## （二）界定实质性议题

实质性议题，即关键性议题，指可以对企业长期或短期运营绩效产生重大影响的决策或活动。企业可以按照以下三个步骤确定实质性议题。

### 第一步：议题识别

议题识别的目的是通过对各种背景信息的分析，确定与企业社会责任活动相关的议题清单。在议题识别过程中需要分析的信息类别和信息来源如表 6-2 所示。

**表 6–2　议题识别的环境扫描**

| 信息类别 | 信息来源 |
|---|---|
| 企业战略或经营重点 | ①企业经营目标、战略和政策<br>②企业可持续发展战略和 KPI<br>③企业内部风险分析<br>④企业财务报告等 |
| 报告政策或标准分析 | ①社会责任报告相关的国际标准，如 GRI 报告指南，ISO26000<br>②政府部门关于社会责任报告的政策，如国务院国资委发布的《中央企业"十二五"和谐发展战略实施纲要》<br>③上交所、深交所对社会责任报告的披露邀请<br>④其他组织发布的社会责任报告标准，如中国社会科学院经济学部企业社会责任研究中心发布的《中国企业社会责任报告编写指南（CASS–CSR3.0)》等 |
| 利益相关方分析 | ①利益相关方调查<br>②综合性的利益相关方对话、圆桌会议等<br>③专题型利益相关方对话<br>④利益相关方的反馈意见等<br>⑤与行业协会的沟通和交流 |
| 宏观背景分析 | ①国家政策<br>②媒体关注点<br>③公众意见调查<br>④高校和研究机构出版的研究报告 |

## 第二步：议题排序

在识别出社会责任议题后，企业应根据该议题对"对企业可持续发展的影响度"和"对利益相关方的重要性"两个维度进行实质性议题排序，如图 6-8 所示。

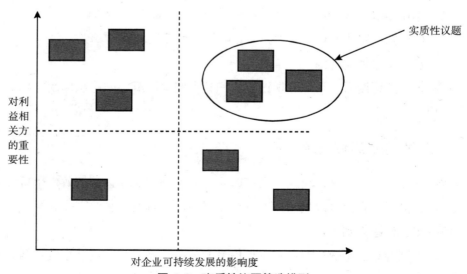

**图 6-8　实质性议题筛选模型**

### 第三步：议题审查

在明确实质性议题清单之后，企业应将确立的实质性议题征询内外部专家意见，并报高层管理者审批。

---

**案例：斗山工程机械（中国）实质性议题选择**

2012 年，斗山 Infracore（中国）运用公司独有的评价模型，通过内部评估、外部单位评价以及利益相关方调研相结合的方式，导出公司目前的社会责任工作水平和到 2013 年末能够改善的社会责任核心议题及其优先顺序。模型评价结果显示中国在技术与革新、人才培养、组织文化/人权/劳动等部分获得较好的评价，但在客户价值、环境、企业伦理等部分需要改善。

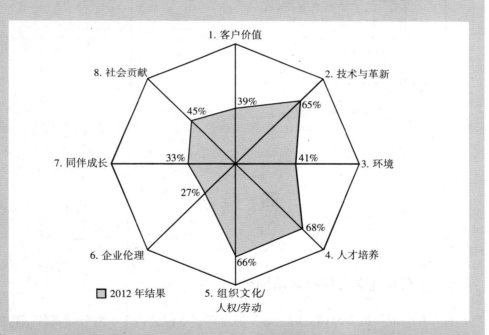

利益相关方调研则显示其共同认为客户价值、技术与革新、同伴成长、人才培养是企业经营的重要部分。通过议题筛选，斗山 Infracore 选择企业伦理、社会贡献、组织文化、环境部分的 4 个议题作为企业社会责任核心议题（韩国总部已成立专门的技术本部来促进技术和革新议题）。

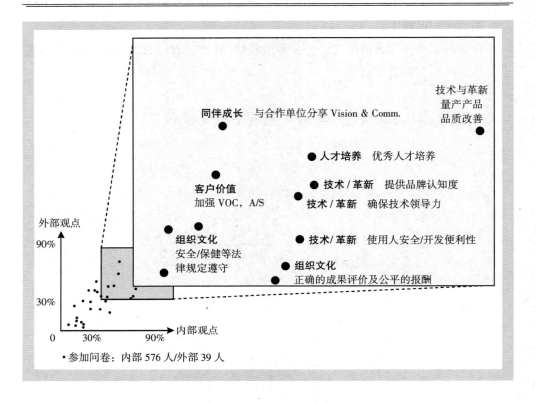

# 四、启动

## （一）召开社会责任报告培训会

召开社会责任报告培训会的目的是通过培训确保公司上下对社会责任报告的重要性、编写工作流程形成统一的认识。在组织报告编写培训会时应注意考虑以下因素：

（1）培训会对象：企业社会责任联络人；

（2）培训会讲师：外部专家和内部专家相结合；

（3）培训课件：社会责任发展趋势和本企业社会责任规划相结合。

## （二）对社会责任报告编写任务进行分工

在培训启动会上，社会责任报告编写牵头组织部门应对报告编写任务进行分工，明确报告参与人员的工作要求和完成时间。

**案例：中国黄金集团社会责任报告编写培训会**

2012 年 10 月 25 日，中国黄金集团在北京举办社会责任培训班，集团下属 50 家主要生产企业社会责任专职工作人员参加了培训。培训期间邀请国资委研究局、中国社会科学院经济学部企业社会责任研究中心的领导和专家就国内外社会责任发展情况、社会责任理论等方面进行了讲解，集团公司社会责任主管部门负责人介绍了集团公司的社会责任工作情况，并对集团下一步社会责任工作提出了要求，确定了奋斗目标。培训收到了预期的效果，为集团全面推进社会责任工作奠定了坚实的基础。

# 五、撰写

充足、有针对性的素材是报告质量的保证。企业在收集报告编写素材时可采用但不限于以下方法：

（1）下发部门资料收集清单；

（2）对高层管理者、利益相关方进行访谈；

（3）对下属企业进行调研；

（4）对企业存量资料进行案头分析。

**资料清单模板：××公司社会责任报告数据、资料需求清单**

填报单位：人力资源部　　　　　填报人：　　　　审核人：

1. 数据指标。

| 编号 | 指标 | 2008 年 | 2009 年 | 2010 年 | 备注 |
|------|------|---------|---------|---------|------|
| 1 | 员工总数（人） | | | | |
| 2 | 劳动合同签订率（%） | | | | |
| ⋮ | ⋮ | | | | |

2. 文字材料。

（1）公平雇用的理念、制度及措施。

（2）员工培训管理体系。

……

3. 图片及视频资料。

（1）员工培训的图片。

（2）文体活动图片。

……

4. 贵部门认为能够体现我公司社会责任工作的其他材料、数据及图片。

**案例：北汽集团社会责任信息收集与调研**

2013 年，北汽集团启动首份社会责任报告编写工作。为确保资料收集质量，北汽集团采取下发"资料清单"和下属企业走访调研相结合的方式。2013 年 4~5 月，项目共调研了北京现代、北京奔驰、湖南株洲公司、重庆北汽银翔等 11 家下属企业，收集了丰富的材料。

通过下属企业走访调研的方式可以收集到更多一手的材料，同时在调研过程中可以对企业在社会责任方面的疑问进行解答，是一种比较高质量的资料收集方式。

# 六、发布

## （一）确定报告格式

随着技术发展和公众阅读习惯的改变，企业社会责任报告的格式日趋多样性。目前，企业社会责任报告的形式主要有：

（1）可下载的 PDF 格式；

（2）互动性网络版；

（3）印刷品出版物；

（4）印刷简本；

（5）网页版；

（6）视频版；

（7）APP 版本。

不同的报告格式具有不同的优缺点和针对性，企业应根据以下因素确立最佳报告形式组合策略：

（1）利益相关方的群体性；

（2）不同利益相关方群体的关注领域；

（3）不同利益相关方群体的阅读习惯；

（4）人们阅读和沟通的发展趋势及技术发展趋势。

## （二）确定报告读者对象

社会责任报告的目标读者通常包括政府、投资机构、客户、员工、供应商、媒体、非政府组织、行业协会和一般公众。企业应根据自身情况确定目标读者对象。

## （三）确定发布形式

不同的发布形式具有不同的传播效果。通常，社会责任报告的发布形式主要有专项发布会、嵌入式发布会、网上发布、直接递送和邮件推送等，如表 6-3 所示。

表 6-3　报告发布会类型

| 类　型 | 含　义 |
| --- | --- |
| 专项发布会 | 为社会责任报告举办专项发布会 |
| 嵌入式发布会 | 在其他活动中嵌入社会责任报告发布环节 |
| 网上发布 | 将社会责任报告放在互联网上并发布公司新闻稿 |
| 直接递送 | 将社会责任报告的印刷版直接递送给利益相关方 |
| 邮件推送 | 将公司社会责任报告电子版或网站链接通过邮件推送给利益相关方 |

**案例：中国三星报告发布会**

2013 年 3 月 18 日，中国三星发布首份"中国三星社会责任报告书"。报告书在人才第一、顾客满足、诚信守法、追求共赢、绿色经营等方面展示了中国三星企业社会责任优秀的事例，在倾听中国社会声音的同时，承诺率先变为"开放的中国三星"。在发布会上，中国三星宣布 2013 年为中国三星企业社会责任（Corporate Social Responsibility, CSR）经营元年，旨在通过更高层次的 CSR 活动，与中国人民以及中国社会一起建设"美丽中国"。同时，为了实现"共享企业社会责任资源和力量"，中国三星与中国社会科学院经济学部企业社会责任研究中心签订了战略合作协议，成立"中国企业社会责任研究基地"。这是中国首家外资企业成立的社会责任研究基地，通过向中小企业开展"企业社会责任公益培训"，让更多的企业投身到履行社会责任的行列中。

# 七、反馈

在社会责任报告发布后，企业应总结本次报告编写过程，并向外部利益相关方和内部相关部门进行反馈。反馈的主要形式包括但不限于会议、邮件、通信等。反馈的内容主要是本次报告对内外部利益相关方期望的回应和未来行动计划。

# 第七章　报告质量标准

# 一、过程性

## （一）定义

过程性即社会责任报告全生命周期管理，是指企业在社会责任报告编写和使用的全过程中对报告进行全方位的价值管理，充分发挥报告在利益相关方沟通、公司社会责任绩效监控方面的作用，将报告作为提升公司社会责任管理水平的有效工具。

## （二）解读

过程性涉及社会责任报告全生命周期管理中的组织、参与、界定、培训、编写、发布和反馈七个过程要素。其中，组织和参与是社会责任报告编写的保证，贯穿报告编写的全部流程。界定、培训、编写、发布和反馈构成一个闭环的流程体系，通过持续改进报告编制流程提升报告质量和公司社会责任管理水平。

## （三）评估方式

编制报告过程中是否执行了报告管理全过程的规定性动作。

# 二、实质性

## （一）定义

实质性是指报告披露企业可持续发展的关键议题以及企业运营对利益相关方的重大影响。利益相关方和企业管理者可根据实质性信息做出充分判断和决策，并采取可以影响企业绩效的行动。

## （二）解读

企业社会责任议题的重要性和关键性受到企业经营特征的影响，具体来说，企业社会责任报告披露内容的实质性由企业所属行业、经营环境和企业的关键利益相关方等决定。

## （三）评估方式

（1）内部视角：报告议题与企业经营战略的契合度；
（2）外部视角：报告议题是否回应了利益相关方的关注点。

> **案例：中国民生银行聚焦实质性议题**
> 《中国民生银行 2012 年社会责任报告》在编写过程中注重实质性议题的披露，报告主体部分分为"完善责任治理，加强责任沟通"、"推进流程改革，打造最佳银行"、"聚焦小微金融，开创发展蓝海"、"服务实体经济，致力金融普惠"、"建设民生家园，关爱员工成长"、"共建生态文明，助力美丽中国"、"投身慈善公益，倾力回报社会"七大领域，较好地反映了民生银行的本质责任和特色实践。

# 三、完整性

## （一）定义

完整性是指社会责任报告所涉及的内容较全面地反映企业对经济、社会和环境的重大影响，利益相关方可以根据社会责任报告知晓企业在报告期间履行社会责任的理念、制度、措施以及绩效。

## （二）解读

完整性从两个方面对企业社会责任报告的内容进行考察：一是责任领域的完整性，即是否涵盖了经济责任、社会责任和环境责任；二是披露方式的完整性，即是否包含了履行社会责任的理念、制度、措施及绩效。

## （三）评估方式

（1）标准分析：是否满足了《中国企业社会责任报告指南（CASS–CSR 3.0）》等标准的披露要求；

（2）内部运营重点：是否与企业战略和内部运营重点领域相吻合；

（3）外部相关方关注点：是否回应了利益相关方的期望。

**案例：南方电网公司披露了指南 86.01% 的核心指标**

《中国南方电网公司社会责任报告 2012》共 82 页，报告从"责任管理"、"电力供应"、"绿色环保"、"经济绩效"及"社会和谐"等方面，系统披露了《中国企业社会责任报告编写指南》电力供应业核心指标的 86.01%，具有很好的完整性。

# 四、平衡性

## (一) 定义

平衡性是指企业社会责任报告应中肯、客观地披露企业在报告期内的正面信息和负面信息，以确保利益相关方可以对企业的整体业绩进行正确的评价。

## (二) 解读

平衡性要求是为了避免企业在编写报告的过程中对企业的经济、社会、环境消极影响或损害的故意性遗漏，影响利益相关方对企业社会责任实践与绩效判断。

## (三) 评估方式

考查企业在社会责任报告中是否披露了实质性的负面信息。如果企业社会报告未披露任何负面信息，或者社会已知晓的重大负面信息在社会责任报告中未被进行披露和回应，则违背了平衡性原则。

案例：中国石化股份重视负面信息披露

2012 年 7 月 23 日，承运商在由广州南沙前往汕头途中，受台风影响有 6 个装载中石化公司生产的聚丙烯产品的集装箱落入香港地区海域，箱内白色聚丙烯颗粒散落海面，部分颗粒漂至香港愉景湾、南丫岛深湾等附近海滩，引起广泛关注。在《中国石化 2012 年可持续发展进展报告》中，用专题形式对本次事件背景、公司应对和相关方反馈进行了详细披露。

# 五、可比性

## (一) 定义

可比性是指报告对信息的披露应有助于利益相关方对企业的责任表现进行分析和比较。

## (二) 解读

可比性体现在两个方面：纵向可比与横向可比，即企业在披露相关责任议题的绩效水平时既要披露企业历史绩效，又要披露同行绩效。

## (三) 评估方式

考查企业是否披露了连续数年的历史数据和行业数据。

**案例：华电集团社会责任报告披露了 61 个可比指标**

《中国华电集团公司社会责任报告 2012》披露了 61 个关键绩效指标连续 3 年的历史数据，同时披露了多项公司与同行业在环境绩效、责任管理等方面的横向比较数据，具有较强的可比性。

# 六、可读性

## (一) 定义

可读性指报告的信息披露方式易于读者理解和接受。

## （二）解读

企业社会责任报告的可读性可体现在以下方面：

（1）结构清晰，条理清楚；

（2）语言流畅、简洁、通俗易懂；

（3）通过流程图、数据表、图片等使表达形式更加直观；

（4）对术语、缩略词等专业词汇做出解释；

（5）方便阅读的排版设计。

## （三）评估方式

从报告篇章结构、排版设计、语言、图表等各个方面对报告的通俗易懂性进行评价。

> **案例：中国兵器工业集团报告可读性优秀**
>
> 《中国兵器工业集团社会责任报告 2012》框架清晰，篇幅适宜；语言简洁流畅，结合大量案例，配图精美，表达方式丰富多样，并对专业词汇进行了解释，可读性表现优秀。

# 七、创新性

## （一）定义

创新性是指企业社会责任报告在内容或形式上具有重大创新。

## （二）解读

社会责任报告的创新性主要体现在两个方面：报告内容的创新和报告形式的创新。创新不是目的，通过创新提高报告质量是根本。

## （三）评估方式

将报告内容、形式上与国内外社会责任报告以及企业往期社会责任报告进行对比，判断其有无创新，以及创新是否提高了报告质量。

**案例：华润集团社会责任报告注重创新性**

《华润（集团）有限公司 2012 年社会责任报告》通过连环画的形式介绍"走进华润世界"，形式新颖，易于利益相关方理解；通过"品牌树"的方式介绍了公司丰富的产品品牌，易于利益相关方全面了解华润的业务和产品；在形式上，通过"集团报告"和"重点企业报告"两种方式呈现，具有很好的创新性。

# 案例篇

# 第八章　务工保农，责汇四方

## ——中国储备棉管理总公司 CSR 报告管理

# 一、中国储备棉管理总公司简介

中国储备棉管理总公司（简称中储棉总公司）是经营管理国家储备棉的中央企业，于 2003 年 3 月 28 日在北京成立，注册资本 10 亿元人民币。受国务院委托，中储棉总公司具体负责国家储备棉的经营管理。在国家宏观调控和监督管理下，中储棉总公司实行自主经营、统一核算、自负盈亏。

中储棉总公司目前下辖 16 个直属库以及 300 个社会承储库，分布于全国各主要棉花产销区，初步形成了布局合理、设施先进、管理规范的棉花仓储体系。

成立 11 年来，中储棉总公司努力发挥政策实施的主体作用，紧紧围绕棉花宏观调控这一中心任务，利用国内、国际两个市场、两种资源，圆满完成国家储备棉吞吐总量 3200 多万吨，在引导棉花产销、平抑市场价格、调剂市场余缺方面发挥了重要作用。

到目前为止，公司经营的主要业务有国家储备棉的购销、储存、运输、加工，仓储设施的租赁、服务，棉花储备库的建设、维修、管理；相关信息咨询服务，自营和代理各类商品和技术的进出口以及棉花国营贸易进出口等。随着公司改革发展不断取得进步，管理日趋规范，规模稳步扩大，核心竞争力不断增强，中储棉总公司已经成为在国内、国际棉花行业具有较强影响力的企业之一。

2013 年，中储棉总公司改进传统的信息更新模式，通过国家棉花市场监测系统平台、中国棉花网网站、棉花信息刊物、移动终端等多种媒介，提供市场趋势研判、专题调查报告、热点焦点问题跟踪分析解读和行业数据库查询等个性化、高端化服务。2013 年 4 月，中储棉总公司举办 2013 年中国棉花期货高峰论坛；7 月，中储棉总公司与洲际交易集团（ICE）在纽约合作举办国际棉花论坛；10 月，中储棉总公司举办第二届中国棉业精英论坛，这些举措对促进棉花产业及仓储产业的改革和发展产生了积极影响。

多年来，中储棉总公司遵守国家法律法规，执行国家棉花政策，不断提高企业经营管理水平和经济效益，认真落实国家对棉花市场的各项任务，确保国家储备棉存储安全，质量良好，调运通畅，促进国有资产的保值增值，完成国家宏观调控任务，忠实履行了"两保一稳"，即保护棉农利益、保障纺织供应和稳定棉花市场的企业宗旨。

表 8-1　历史沿革

| 时　间 | 事　件 |
|---|---|
| 2003 年 | ● 中国储备棉管理总公司正式成立<br>● 中储棉总公司成立后首次执行国内棉花收储、进口棉入储政策 |
| 2004 年 | ● 中储棉花信息中心正式注册登记 |
| 2005 年 | ● 国家有关部门批复国家棉花市场监测系统初步设计方案<br>● 中储棉总公司圆满完成进口棉收储任务 |
| 2006 年 | ● 中储棉总公司出色完成进口储备棉接港及调运工作<br>● 中储棉总公司乔迁新址<br>● 中储棉总公司启动 30 万吨新疆棉入储工作 |
| 2007 年 | ● 中储棉总公司成立后首次执行棉花储备棉销售政策，轮出储备棉 10 万吨 |
| 2008 年 | ● 中储棉总公司紧急启动棉花收储工作，陆续收储 275 万吨 |
| 2009 年 | ● 5~12 月，完成了国家连续下达三批储备棉抛售计划，共轮出储备棉 262 万吨 |
| 2010 年 | ● 2~4 月，中储棉总公司安排进口棉花入储<br>● 中储棉总公司与浦发银行签署银企战略合作协议<br>● 中储棉新疆有限责任公司正式开业<br>● 8~10 月，中储棉总公司及时抛售 100 万吨储备棉平抑市场棉价 |
| 2011 年 | ● 中储棉总公司被确立为《2011 年度棉花临时收储预案》的执行主体<br>● 中储棉总公司正式启动 2011 年度棉花临时收储工作，当年共收储 322 万吨<br>● 中储棉库尔勒有限责任公司正式开业<br>● 中储棉广东有限责任公司正式开业 |
| 2012 年 | ● 2012 年度棉花临时收储政策正式启动，3 个多月中储棉总公司圆满出色完成了 526 万吨棉花收储任务<br>● 中储棉总公司根据国家有关部门下达的储备棉销售任务，28 天储备棉销售出库 49 万吨，满足了市场阶段性需求<br>● 国家棉花市场监测系统采集的数据量突破 57 万份，汇总报表突破 12 万份<br>● 中储棉总公司选举产生了新一届党委、成立了纪委<br>● 7 月，举办首届中国棉业精英论坛 |

续表

| 时 间 | 事 件 |
|---|---|
| 2013 年 | ● 按照国家有关部门决定，中储棉总公司开始向市场投放部分储备棉<br>● 截至年底，棉花临时收储累计成交 484 万吨，约占年度总产量的 70%，全年吞吐总量超 1000 万吨<br>● 4 月，中储棉总公司举办 2013 年中国棉花期货高峰论坛 |
| 2014 年 | ● 按照国资委全面深化改革的总体部署，中储棉总公司将 10 多个直属库逐步由报账制单位改为独立核算的子公司，通过划小核算单位，构建二级法人管理体制，达到直属库权责利统一的目的<br>● 9 月 22 日，中储棉总公司研发的"国家棉花资源监测信息平台"正式上线运行 |

# 二、履责历程

**表 8-2　履责历程**

| 年份 | 事 件 |
|---|---|
| 2011 | 3 月，中储棉总公司被确立为《2011 年度棉花临时收储预案》的执行主体，担负着国家棉花市场宏观调控助手的重任 |
| | 中储棉总公司建立了社会责任工作组织体系，成立了社会责任工作领导小组和社会责任工作办公室 |
| | 6 月，发布首份《企业社会责任报告》 |
| | 8-10 月，中储棉总公司及时抛售 100 万吨储备棉平抑市场棉价 |
| | 9 月，中储棉总公司正式启动 2011 年度棉花临时收储工作，当年累计收储 322 万吨 |
| 2012 | 2012 年，中储棉总公司积极参与"传递邮包　传递爱——捐赠母亲邮包"公益活动，各部门、各所属单位积极响应，广大干部职工踊跃参与，筹得善款 6.13 万元。款项通过中国妇女发展基金会援助到新疆维吾尔自治区伽师县的贫困母亲，为她们送去生活必需品，帮助她们解决生活中的实际困难 |
| | 6 月，发布第二份《企业社会责任报告》，并正式向"中国企业社会责任报告评级专家委员会"申请报告评级，被评为四星级 |
| | 9 月，2012 年度棉花临时收储政策正式启动，经过 3 个多月的努力，中储棉总公司圆满出色完成了 526 万吨棉花临时收储任务 |
| 2013 | 2013 年，中储棉总公司将新疆维吾尔自治区伽师县作为定点扶贫单位，共投入扶贫资金 150 万元，在交通道路建设、农牧业基础设施发展等方面积极开展工作，得到当地政府和群众的认可 |
| | 2013 年，中储棉岳阳库开展了"帮困济贫助学捐助行动"，在对华容县东山镇芦花村进行定点扶贫工作中，帮助该村结合自身实际情况制定了详细的发展规划，衔接有关部门协调落实资金 60 多万元，协助该村修建了 4.39 公里长的村级公路 |
| | 3 月，发布第三份《企业社会责任报告》，并正式向"中国企业社会责任报告评级专家委员会"申请报告评级，被评为四星半级 |
| | 2013 年度（2013 年 9 月–2014 年 8 月）共计入储棉花 658 万吨，占年度全国产量的 90% 以上 |

| 年　份 | 事　件 |
|---|---|
| 2014 | 6月，发布第四份《企业社会责任报告》，并正式向"中国企业社会责任报告评级专家委员会"申请报告评级，被评为四星半级 |
| | 9月22日，中储棉总公司研发的"国家棉花资源监测信息平台"正式上线运行，推进棉花大宗商品的网上对接，降低棉花流通成本，促进上下有关联企业业务协同发展 |

# 三、责任报告

## 报告概览

　　企业社会责任报告是企业与利益相关方进行信息沟通的主要平台。自 2010 年起，中储棉总公司开始发布年度企业社会责任报告，对公司社会责任履行情况进行系统化的披露。

**表 8–3　中储棉总公司社会责任报告发布情况**

| 年份 | 报告页数 | 报告语言 | 报告版本 | 参考标准 |
|---|---|---|---|---|
| 2013 | 48 | 中文 | 印刷版/电子版 | 国资委《关于中央企业履行社会责任的指导意见》《中国企业社会责任报告编写指南（CASS－CSR3.0)》 |
| 2012 | 58 | 中文 | 印刷版/电子版 | 国资委《关于中央企业履行社会责任的指导意见》《中国企业社会责任报告编写指南（CASS－CSR2.0)》 |
| 2011 | 69 | 中文 | 印刷版/电子版 | 国资委《关于中央企业履行社会责任的指导意见》《中国企业社会责任报告编写指南（CASS－CSR2.0)》 |
| 2010 | 59 | 中文 | 印刷版/电子版 | 国资委《关于中央企业履行社会责任的指导意见》《中国企业社会责任报告编写指南（CASS－CSR2.0)》 |

# 四、报告管理

## （一）组织

良好的组织体系是报告质量的保障。中储棉总公司秉持"棉泽天下，富民强国"的社会责任理念，建立社会责任管理体系，制定社会责任管理制度，积极推动企业社会责任工作的不断发展。

1. 社会责任组织体系

公司高度重视社会责任管理工作。2009 年，中储棉总公司成立由公司总经理任组长的社会责任工作领导小组，负责社会责任相关重大事项的审议和决策。同时，指定社会责任工作归口管理部门（综合部），并设置了社会责任联络人制度。

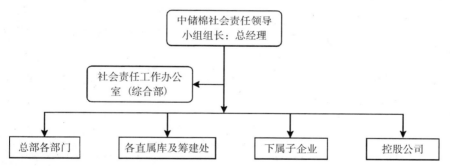

中储棉总公司全力推进社会责任工作融入到企业的日常经营活动中，积极参加各类社会责任培训，强化员工社会责任意识。

2. 社会责任制度

2009 年，公司指定了《中国储备棉管理总公司社会责任实施意见》，2011 年，公司逐步形成并规范了公司社会责任报告编写与发布制度，规定每年 6 月底之前发布前一年的社会责任报告，以确保报告的时效性。2011 年，在编制公司首份社会责任报告的过程中，公司参考中国社会科学院经济学部企业社会责任研究中心发布的《中国企业社会责任报告编写指南 2.0》并结合自身业务制定了中储棉社会责任指标体系。

### 3. 社会责任组织队伍

中储棉总公司全力推进社会责任工作融入到企业的日常经营活动中。总公司在各部室及各所属单位建立社会责任联络人制度，负责社会责任信息报送，确保企业社会责任工作在集团上下顺通无阻地开展。同时，中储棉积极参加各类社会责任培训，强化员工社会责任意识，提升公司社会责任总体水平。

## （二）参与

加强与利益相关方沟通是中储棉总公司履行社会责任的重要方面，公司高度重视社会责任沟通与交流，逐步完善并形成"四层次"社会责任沟通机制，回应利益相关方期望。利益相关方参与中储棉社会责任工作的主要形式有：

（1）实时沟通。中储棉总公司在公司官网设立"社会责任专栏"，发送各类报表。同时提交市场监测报表，形成购销简报、棉花市场周报、收抛储周报、纺织经济运行分析报告、月报、工业库存报告等各类报告。

（2）定时沟通。定期发布年度社会责任报告，系统披露公司年度履责实践，及时发布年度报告。

（3）专项沟通。通过举办棉花纺织高层论坛、研讨会、国内外发展论坛等形式对相关社会责任议题进行专项沟通。

（4）责任调研。与社会责任领域的相关专家一起深入基层，走进利益相关方，聆听利益相关方期望。

**表 8-4　利益相关方参与**

| 利益相关方 | 描述 | 对公司的期望 | 沟通方式 | 主要指标 |
|---|---|---|---|---|
| 政府 | 中国政府和业务所在地政府 | 确保棉花市场稳定；国有资产保值增值；合规管理、依法足额纳税；带动社会就业，诚信经营 | 服从国家宏观调控，一切工作以国家服务棉花市场宏观调控为出发点和立足点；建立棉花仓储体系，建立棉花市场监测系统，积极发挥国家制定棉花宏观政策参谋助手作用；对员工开展诚信建设理念和公司规章制度宣贯，全面贯彻规章制度、公司合同和公司重大决策法律审核制度；建立风险管理制度并不断完善体系 | 建立企业守法合规体系；进行守法合规培训；反腐败培训人数；纳税总额；员工人数；确保就业及带动就业的政策或措施 |

续表

| 利益相关方 | 描述 | 对公司的期望 | 沟通方式 | 主要指标 |
|---|---|---|---|---|
| 合作伙伴 | 社会承储库、棉农 | 协助国家执行棉花宏观调控政策，保护棉花市场稳定、保障棉农利益；服务社会承储库运营；提升社会承储库管理水平 | 遵守商业道德和法律法规，诚信合作；带动供应链合作伙伴履行社会责任；对社会承储库加强经验分享，提供安全检查指导和业务指导；对棉农就近、就地收储，促进长期合作和共同发展 | 响应国家政策；战略共享机制及平台建设；推动供应链合作伙伴履行社会责任 |
| 客户 | 纺织企业 | 优化业务流程，确保及时出入库；提供"一站式"服务，提供优质产品和服务；与相关行业合作伙伴一起创造更大价值 | 维护棉花价格稳定，满足纺织企业需求，提供优质的产品和服务；开展客户满意度调查，听取客户意见和建议 | 客户满意度调查及客户满意度；积极应对客户投诉及客户建议 |
| 员工 | 公司组织机构中的全部成员 | 保障法律赋予员工的基本权益；注重员工健康安全，保障员工晋升渠道畅通；培养员工长远发展，保障员工工作生活平衡 | 遵守国家相关法律法规，确保员工权益实现，关爱员工身心健康；创建健康、安全、舒适的职场环境，实施员工满意度调查，重视员工和本地人才的培养，制定人才战略，实施人才开发机制和职业发展规划；完善民主沟通机制，通过工会、恳谈会、厂务公开等尊重、鼓励并引导员工参与公司经营管理；关怀女职工，开展特殊人群和困难员工帮扶；举办丰富的活动，增强员工归属感与积极性 | 劳动合同覆盖率；社保覆盖率；参加工会员工比例；年人均带薪休假天数；工伤事故率；员工培训投入；体检覆盖率；安全生产管理体系；安全应急管理机制；安全教育与培训；员工伤亡人数；参加工会的员工比例；女性管理者比例 |
| 环境 | 企业业务、运营所在地及整个地球的自然环境 | 遵守国家环境法律法规和相关产品的环保标准；降低污染；将环境管理和环境保护贯穿于企业发展全过程 | 遵纪守法，建立环境绩效系统体制；建立绿色仓储、绿色物流，建设花园式仓库；推进环保理念在企业内外的宣贯和落实，鼓励员工在工作中节约能源保护水资源，循环利用生产废水；践行绿色办公 | 环保培训与宣教；绿色办公措施；节约能源政策措施；能源消耗总量，电力、水消耗总量 |
| 社区 | 企业业务及运营所在地 | 通过企业经营带动社区经济社会发展；尊重各地区的法律法规和人文风俗，与社区充分沟通，和谐共存；积极支持灾害救助和社区扶贫济困等慈善公益活动 | 分享经营成果，关心和帮助困难群体，开展富有成效的社会公益活动；扶贫济困，开展困难群体救助、灾害救助捐赠等帮扶活动；利用自身优势，助力地方消防 | 保护生物多样性；生态恢复及治理率；企业公益方针或主要公益领域；企业支持志愿者活动的政策、措施；捐赠总额 |
| 社会组织 | 行业协会、科研院所、国际国内民间组织、地方团体等 | 重视社会团体的诉求并积极与之沟通；积极参与、支持社会团体组织的各项活动；共享相关信息 | 积极参与政府、行业协会、科研院所举办的关于 CSR 的会议、论坛和活动；保持长效沟通，增强行业、社会及 CSR 领域的敏感度 | 企业利益相关方名单；企业外部社会责任沟通机制；企业高层领导参与的社会责任沟通与交流活动 |

## （三）界定

1. 议题确定流程

● 参考专业标准；

● 结合企业实践；

● 听取专家意见；

● 企业实地调研；

● 中高层领导访问；

● 利益相关方访谈。

2. 社会责任核心议题

中储棉管理总公司秉承"棉泽天下，富民强国"的理念，围绕自身发展实际，以及与利益相关方的沟通，确立社会责任核心议题。

表 8-5　社会责任核心议题

| 安全生产运营 | 健全安全管理制度<br>推进安全生产工作<br>完善应急保障机制<br>强化安全培训教育<br>提升承储库管理水平 |
|---|---|
| 促进员工发展 | 保障员工权益<br>助力职业发展<br>深化民主管理<br>重视人文关怀 |
| 社区和谐发展 | 带动地方经济发展<br>投身社会公益事业<br>支持地方消防工作<br>鼓励志愿服务活动 |
| 共建绿色生态 | 绿色管理<br>绿色仓储<br>绿色物流<br>绿色办公 |

3. 社会责任理念

中储棉总公司从主业融合、惠及社会、持续改进三个角度出发，构建社会责任理念模型。

主业融合。"棉"指中储棉总公司的核心业务棉花储备。公司以棉花为媒介，坚持将社会责任与经营主业相结合，坚持"一个中心，三大板块"的发展战略，将社会责任融入战略、融入经营、融入业务，通过棉花储备业务达到富民强国的社会责任愿景。

棉泽天下，富民强国

惠及社会。"泽天下"指惠及所有利益相关方。中储棉总公司通过开展棉花储备业务，将公司的价值惠及棉农、涉棉企业、社会承储库等所有利益相关方，珍惜资源，保护环境，以人为本，关爱社会，最终实现富民强国的社会责任愿景。

持续改进。"棉"通"绵"，寓意"绵绵不绝"。中储棉总公司的社会责任工作形成了"计划—行动—报告—改进"的管理闭环，持续改进公司履责实践。公司通过实施和谐发展战略，在保障棉花市场供应、稳定市场价格、服务"三农"方面发挥了重要作用。

## （四）启动

2013 年 10 月 22 日，中储棉总公司召开《2013 中储棉总公司社会责任报告》编制工作启动会。

会上，中国社会科学院企业社会责任研究中心主任钟宏武对仓储业社会责任管理与报告进行了分析，对中储棉总公司 2013 年度社会责任报告内容规划作了介绍。中储棉总公司总法律顾问刘华对中储棉总公司 2013 年度社会责任报告编写任务作了部署。

## （五）编写

1. 前期准备阶段

（1）系统培训。根据编写工作有计划地对参与人员进行系统的培训。

（2）访谈与调研。对下属企业调研以及利益相关方进行访谈，了解社会责任实践的开展情况以及利益相关方的诉求。

2. 报告编写阶段

（1）资料收集。收集报告写作相关的定量和定性资料，包括文字材料和图片等。

（2）报告撰写。根据访谈和调研情况，确定报告框架，基于所获资料进行报告写作。

3. 评级与总结阶段

（1）报告评级。报告送交中国社会科学院企业社会责任研究中心评价部进行评级。

（2）项目总结。总结项目过程中出现的问题和不足之处，以便在后期进行改进和完善。

## （六）发布

到目前为止，中储棉总公司已经第四年发布社会责任报告。主要通过以下方式发布：

（1）纸质版寄送。向利益相关方寄送《中国储备棉管理总公司 2013 年社会责任报告》。

（2）网络发布。在公司网站社会责任专栏上发布《中国储备棉管理总公司 2013 年社会责任报告》电子版。

## （七）使用

企业社会责任报告综合体现了一个企业社会的履责情况和企业社会责任的发展水平。一方面，它以战略性的方式将公司职能部门联系起来，建立内部对话机制，同时有助于管理层评估公司情况，建立风险预警机制；另一方面，企业社会责任报告有助于加强企业与外部各利益相关方（投资者、供应链、社区等）的沟通，提高企业的透明度，促进公众对企业的理解与支持。

# 五、评级报告

## 《中国储备棉管理总公司 2013 年社会责任报告》评级报告

中国社会科学院经济学部企业社会责任研究中心（以下简称"中心"）受中

国储备棉管理总公司委托，从"中国企业社会责任报告评级专家委员会"中抽选专家组成评级小组，对《中国储备棉管理总公司2013年社会责任报告》（以下简称《报告》）进行评级。

**一、评级依据**

《中国企业社会责任报告编写指南（CASS-CSR 3.0）》暨《中国企业社会责任报告评级标准（2014）》。

**二、评级过程**

1. 过程性评估小组访谈中国储备棉管理总公司社会责任部门成员；

2. 过程性评估小组现场审查中国储备棉管理总公司及下属单位社会责任报告编写过程相关资料；

3. 评级小组对企业社会责任报告的管理过程及《报告》的披露内容进行评价。

**三、评级结论**

过程性（★★★★☆）

企业综合部牵头成立报告编写小组，公司高层领导参与报告启动、推进与审定；编写组根据企业宗旨和主要职责对利益相关方进行识别和排序，以实地调研、问卷调查等方式收集相关方意见，根据调查结果、公司重大事项及国家相关政策对实质性议题进行界定；拟定在官方网站发布报告，并将以印刷品、电子版的形式呈现报告，具有领先的过程性表现。

实质性（★★★★☆）

《报告》系统披露了"响应国家政策"、"安全生产运营"、"员工权益保护"、"提升承储库管理"、"绿色仓储及物流"等所在行业关键性议题，具有领先的实质性表现。

完整性（★★★★）

《报告》从"科学稳健发展"、"服务棉花宏观调控"、"安全生产运营"、"促进员工发展"、"社区和谐发展"、"共建绿色生态"等角度披露了所在行业72%的核心指标，完整性表现优秀。

平衡性（★★★★）

《报告》披露了"风险内审问题数"、"重大安全生产事故数"、"员工伤亡数"等负面数据信息，并对"山西省棉麻公司侯马采购供应站事故"的后续改善措施进行披露，平衡性表现优秀。

可比性（★★★★★）

《报告》披露了"资产总额"、"净利润"、"资产负债率"、"招标项目监督"、"女性管理者比例"、"能源消耗总量"等 37 个关键绩效指标连续 3 年的历史数据，可比性表现卓越。

可读性（★★★★☆）

《报告》框架清晰，篇幅适宜，案例丰富，文字优美；"水彩画"设计风格，优雅美观；文字叙述结合图表、流程图，生动展现企业履责实践，显著提高了报告的悦读性，具有领先的可读性表现。

创新性（★★★★☆）

《报告》开篇以故事形式，讲述"棉花的历史"、"棉花与经济"，引导读者"走进棉花储备"，发现"中储棉的价值"，趣味盎然，引人入胜，赋予报告更多文化韵味，具有领先的创新性。

综合评级（★★★★☆）

经评级小组评价，《中国储备棉管理总公司 2013 年社会责任报告》为四星半级，是一份领先的企业社会责任报告。

**四、改进建议**

增加行业核心指标的披露，进一步提高报告的完整性。

评级小组

组长：中国企业联合会企业创新工作部主任　程多生

成员：中国企业公民委员会副会长　刘卫华

北方工业大学经济管理学院副教授　魏秀丽

中心过程性评估员　方小静　王志敏

评级专家委员会主席　　　　　　　评级小组组长
中心常务副理事长　　　　　　　　中心副理事长

# 附　录

## 一、主编机构

### 中国社会科学院经济学部企业社会责任研究中心

中国社会科学院经济学部企业社会责任研究中心（以下简称"中心"）成立于 2008 年 2 月，中国社会科学院副院长、经济学部主任李扬研究员任中心理事长，国务院国有资产监督管理委员会研究局局长彭华岗博士、中国社会科学院工业经济研究所所长黄群慧研究员任中心常务副理事长，中国社会科学院社会发展战略研究院钟宏武副研究员任主任。中国社会科学院、国务院国有资产监督管理委员会、人力资源与社会保障部、中国企业联合会、人民大学、国内外大型企业的数十位专家、学者担任中心理事。

中心以"中国特色、世界一流社会责任智库"为目标，积极践行研究者、推进者和观察者的责任：

● 研究者：中国企业社会责任问题的系统理论研究，研发颁布《中国企业社会责任报告编写指南（CASS–CSR 1.0/2.0/3.0）》，组织出版《中国企业社会责任》文库，促进中国特色的企业社会责任理论体系的形成和发展。

● 推进者：为政府部门、社会团体和企业等各类组织提供咨询和建议；主办"中国企业社会责任研究基地"；主办"分享责任——中国企业社会责任公益讲堂"；开设中国社科院研究生院 MBA《企业社会责任》必修课，开展数百次社会责任专项培训；组织"分享责任中国行——中国 CSR 优秀企业调研活动"，参加各种企业社会责任研讨交流活动，分享企业社会责任研究成果和实践经验。

● 观察者：从 2009 年起，每年出版《企业社会责任蓝皮书》，跟踪记录上一年度中国企业社会责任理论和实践的最新进展；从 2011 年起，每年发布《中国企业社会责任报告白皮书》，研究记录我国企业社会责任报告发展的阶段性特征；自 2010 年起，制定、发布、推动《中国企业社会责任报告评级》，累计为 200 余份中外企业社会责任报告提供评级服务；主办"责任云"（www.zerenyun.com）平台以及相关技术应用。

**中国社会科学院经济学部企业社会责任研究中心**

**2014 年 12 月**

电话：010-59001552

传真：010-59009243

网站：www.cass-csr.org

微博：http://weibo.com/casscsr

中心官方微信号：中国社会科学院 CSR 中心

微信公众账号：CSRCloud（责任云）

E-mail：csr@cass-csr.org

地址：北京市朝阳区东三环中路 39 号建外 soho 写字楼 A 座 605 室（100022）

关注中心微信平台　　　　关注中国企业社会责任研究最新进展

中国社会科学院 CSR 中心　　　　责任云 CSRCloud

### 研究业绩

课题：

1. 国务院国资委：《中央企业海外社会责任研究》，2014；

2. 国务院国资委：《中央企业社会责任优秀案例研究》，2014 年；

3. 工信部：《"十二五"工业信息企业社会责任评估》，2014 年；

4. 国家食药监局：《中国食品药品行业社会责任信息披露机制研究》，2014；

5. 国土资源部：《矿山企业社会责任评价指标体系研究》，2014；

6. 中国保监会：《中国保险业社会责任白皮书》，2014；

7. 全国工商联：《中国民营企业社会责任研究报告》，2014 年；

8. 陕西省政府：《陕西省企业社会责任研究报告》，2014；

9. 国土资源部：《矿业企业社会责任报告制度研究》，2013 年；

10. 国务院国资委：《中央企业社会责任优秀案例研究》，2013 年；

11. 中国扶贫基金会：《中资海外企业社会责任研究》，2012–2013 年；

12. 北京市国资委：《北京市属国有企业社会责任研究》，2012 年 5 月–12 月；

13. 国资委研究局：《企业社会责任推进机制研究》，2010 年 1 月–2010 年 12 月；

14. 国家科技支撑计划课题：《社会责任国际标准风险控制及企业社会责任评价技术研究之子任务》，2010 年 1 月–2010 年 12 月；

15. 深交所：《上市公司社会责任信息披露》，2009 年 3 月–2009 年 12 月；

16. 中国工业经济联合会：工信部制定《推进企业社会责任建设指导意见》前期研究成果，2009 年 10 月–2009 年 12 月；

17. 中国社会科学院：《灾后重建与企业社会责任》，2008 年 8 月–2009 年 8 月；

18. 中国社会科学院：《海外中资企业社会责任研究》，2007 年 6 月–2008 年 6 月；

19. 国务院国资委：《中央企业社会责任理论研究》，2007 年 4 月–2007 年 8 月。

专著：

1. 黄群慧、彭华岗、钟宏武、张蒽：《企业社会责任蓝皮书（2014）》，社科文献出版社 2014 年版；

2. 钟宏武、魏紫川、张蒽、翟利峰：《中国企业社会责任报告白皮书

(2014)》，经济管理出版社 2014 年版；

3. 孙孝文、张闽湘、王爱强、解一路：《中国企业社会责任报告编写指南（CASS–CSR3.0）之家电制造业》，经济管理出版社 2014 年版；

4. 孙孝文、吴扬、王娅郦、王宁：《中国企业社会责任报告编写指南（CASS–CSR3.0）之建筑业》，经济管理出版社 2014 年版；

5. 孙孝文、文雪莲、周亚楠、张伟：《中国企业社会责任报告编写指南（CASS–CSR3.0）之电信服务业》，经济管理出版社 2014 年版；

6. 孙孝文、汪波、刘鸿玉、王娅郦、叶云：《中国企业社会责任报告编写指南之汽车制造业》，经济管理出版社 2014 年版；

7. 孙孝文、陈龙、王彬、彭雪：《中国企业社会责任报告编写指南（CASS–CSR3.0）之煤炭采选业》，经济管理出版社 2014 年版；

8. 彭华岗、钟宏武、孙孝文、张蒽：《中国企业社会责任报告编写指南（CASS–CSR3.0)》，经济管理出版社 2014 年版；

9. 孙孝文、李晓峰、张蒽、朱念锐：《中国企业社会责任报告编写指南（CASS–CSR3.0）之一般采矿业》，经济管理出版社 2014 年版；

10. 张蒽、钟宏武、魏秀丽、陈力等：《中国企业社会责任案例》，经济管理出版社 2014 年版；

11. 钟宏武、张蒽、魏秀丽：《中国国际社会责任与中资企业角色》，社会科学出版社 2013 年版；

12. 彭华岗、钟宏武、张蒽、孙孝文等：《企业社会责任基础教材》，经济管理出版社 2013 年版；

13. 姜天波、钟宏武、张蒽、许英杰：《中国可持续消费研究报告》，经济管理出版社 2013 年版；

14. 陈佳贵、黄群慧、彭华岗、钟宏武：《企业社会责任蓝皮书（2012)》，社科文献出版社 2012 年版；

15. 钟宏武、魏紫川、张蒽、孙孝文等：《中国企业社会责任报告白皮书（2012)》，经济管理出版社 2012 年版；

16. 陈佳贵、黄群慧、彭华岗、钟宏武：《企业社会责任蓝皮书（2011)》，社科文献出版社 2011 年版；

17. 彭华岗、钟宏武、张蒽、孙孝文：《中国企业社会责任报告编写指南

（CASS–CSR2.0)》，经济管理出版社 2011 年版；

18. 钟宏武、张蒽、翟利峰：《中国企业社会责任报告白皮书（2011)》，经济管理出版社 2011 年版；

19. 彭华岗、楚旭平、钟宏武、张蒽：《企业社会责任管理体系研究》，经济管理出版社 2011 年版；

20. 彭华岗、钟宏武：《分享责任——中国社会科学院研究生院 MBA "企业社会责任" 必修课讲义集（2010)》，经济管理出版社 2011 年版；

21. 陈佳贵、黄群慧、彭华岗、钟宏武：《企业社会责任蓝皮书（2010)》，社科文献出版社 2010 年版；

22. 钟宏武、张唐槟、田瑾、李玉华：《政府与企业社会责任》，经济管理出版社 2010 年版；

23. 陈佳贵、黄群慧、彭华岗、钟宏武：《企业社会责任蓝皮书（2009)》，社科文献出版社 2009 年版；

24. 钟宏武、孙孝文、张蒽：《中国企业社会责任报告编写指南（CASS–CSR1.0)》，经济管理出版社 2009 年版；

25. 钟宏武、张蒽、张唐槟、孙孝文：《中国企业社会责任发展指数报告（2009)》，经济管理出版社 2009 年版；

26. 钟宏武：《慈善捐赠与企业绩效》，经济管理出版社 2007 年版。

# 二、支持单位

## 中国储备棉管理总公司

中国储备棉管理总公司（简称中储棉总公司）是经营管理国家储备棉的中央企业，于 2003 年 3 月 28 日在北京成立，注册资本 10 亿元。受国务院委托，中储棉总公司具体负责国家储备棉的经营管理。在国家宏观调控和监督管理下，中储棉总公司实行自主经营、统一核算、自负盈亏。

中储棉总公司目前下辖 16 个直属库以及 300 个社会承储库，分布于全国各主要棉花产销区，初步形成了布局合理、设施先进、管理规范的棉花仓储体系。

成立 11 年来，中储棉总公司努力发挥政策实施的主体作用，紧紧围绕棉花宏观调控这一中心任务，利用国内、国际两个市场、两种资源，圆满完成国家储备棉吞吐总量 3200 多万吨，在引导棉花产销、平抑市场价格、调剂市场余缺方面发挥了重要作用。

到目前为止，公司经营的主要业务有国家储备棉的购销、储存、运输、加工，仓储设施的租赁、服务，棉花储备库的建设、维修、管理；相关信息咨询服务，自营和代理各类商品和技术的进出口以及棉花国营贸易进出口等。随着公司改革发展不断取得进步，管理日趋规范，规模稳步扩大，核心竞争力不断增强，中储棉总公司已经成为在国内、国际棉花行业具有较强影响力的企业之一。

2013 年，中储棉总公司改进传统的信息更新模式，通过国家棉花市场监测系统平台、中国棉花网网站、棉花信息刊物、移动终端等多种媒介，提供市场趋势研判、专题调查报告、热点焦点问题跟踪分析解读和行业数据库查询等个性化、高端化服务。2013 年 4 月，中储棉总公司举办 2013 年中国棉花期货高峰论坛；7 月，中储棉总公司与洲际交易集团（ICE）在纽约合作举办国际棉花论坛；10 月，中储棉总公司举办第二届中国棉业精英论坛，这些举措对促进棉花产业及仓储产业的改革和发展产生了积极影响。

多年来，中储棉总公司遵守国家法律法规，执行国家棉花政策，不断提高企业经营管理水平和经济效益，认真落实国家对棉花市场的各项任务，确保国家储备棉存储安全，质量良好，调运通畅，促进国有资产的保值增值，完成国家宏观调控任务，忠实履行了"两保一稳"，即保护棉农利益、保障纺织供应和稳定棉花市场的企业宗旨。

# 三、参编机构

## 正德至远社会责任机构

正德至远（北京）咨询有限责任公司成立于 2010 年，在中国社会科学院经济学部企业社会责任研究中心咨询部和数据中心的基础上组建而成。公司系中国社会科学院企业社会责任研究中心的战略合作机构和成果转化平台。公司成立以来，先后为《中国企业社会责任蓝皮书（2010/2011/2012/2013/2014)》、《中国企业社会责任报告白皮书（2011/2012/2013/2014)》、《中国企业社会责任报告编写指南（CASS-CSR 2.0/3.0)》等项目提供数据支持；双方共同为国内外数十家大型企业提供社会责任管理咨询、培训和报告服务。

公司依托中国社会科学院企业社会责任研究中心深厚的理论研究基础，结合我国企业实践经验，专注于企业社会责任管理咨询、能力培训和品牌推广，为客户提供全方位的社会责任解决方案，帮助客户成为面向未来的可持续企业。公司提供的服务主要包括：

社会责任管理咨询：帮助企业建立社会责任组织体系、制度体系、指标体系、社会责任战略规划和社会责任项目评估。

社会责任报告咨询：帮助企业建立社会责任报告编写流程、议题选择流程，并指导企业进行年度社会责任报告编制。

社会责任传播：帮助企业建立社会责任传播与沟通体系、利益相关方沟通手册，树立负责任的品牌形象。

社会责任培训：为企业提供社会责任理论和实践培训，提升管理层和员工的社会责任意识，并帮助企业掌握社会责任工作工具。

社会责任评估：依托中国社会科学院企业社会责任研究中心的数据库和知识库资源，为企业提供社会责任诊断和评估，并提供针对性解决方案。

地址：北京市朝阳区东三环中路 39 号建外 soho 写字楼 A 座 605（100022）

邮箱：wangj@cass-csr.org

电话：010-59001552

# 四、2014 年已出版的分行业指南 3.0

| 编号 | 名称 | 合作单位 | 出版时间 |
|---|---|---|---|
| 一 | 《中国企业社会责任报告编写指南 3.0 之一般框架》 | 政府、企业、学术机构和行业专家 | 2014 年 1 月 |
| 二 | 《中国企业社会责任报告编写指南 3.0 之一般采矿业指南》 | 中国黄金集团公司 | 2014 年 1 月 |
| 三 | 《中国企业社会责任报告编写指南 3.0 之汽车制造业指南》 | 东风汽车公司、上海大众汽车有限公司 | 2014 年 7 月 |
| 四 | 《中国企业社会责任报告编写指南 3.0 之煤炭采选业指南》 | 神华集团有限责任公司、中国中煤能源集团有限公司 | 2014 年 10 月 |
| 五 | 《中国企业社会责任报告编写指南 3.0 之电信服务业指南》 | 中国移动通信集团公司 | 2014 年 10 月 |
| 六 | 《中国企业社会责任报告编写指南 3.0 之电力生产业指南》 | 中国华电集团公司 | 2014 年 10 月 |
| 七 | 《中国企业社会责任报告编写指南 3.0 之建筑业指南》 | 中国建筑工程总公司 | 2014 年 11 月 |
| 八 | 《中国企业社会责任报告编写指南 3.0 之家电制造业指南》 | 松下电器（中国）有限公司 | 2014 年 11 月 |

# 五、2015 年分行业指南 3.0 出版计划

| 编号 | 名称 | 合作单位 | 计划出版时间 |
|---|---|---|---|
| 九 | 《中国企业社会责任报告编写指南 3.0 之仓储业指南》 | 中国储备棉管理总公司 | 2015 年 1 月 |
| 十 | 《中国企业社会责任报告编写指南 3.0 之钢铁业指南》 | 浦项（中国）投资有限公司 | 2015 年 1 月 |
| 十一 | 《中国企业社会责任报告编写指南 3.0 之石油化工业指南》 | 中国石油化工集团公司 | 2015 年 4 月 |
| 十二 | 《中国企业社会责任报告编写指南 3.0 之房地产业指南》 | 中国建筑工程总公司、华润置地有限公司 | 2015 年 4 月 |
| 十三 | 《中国企业社会责任报告编写指南 3.0 之非金属矿物制品业指南》 | 中国建筑材料集团有限公司 | 2015 年 4 月 |

续表

| 编号 | 名称 | 合作单位 | 计划出版时间 |
|---|---|---|---|
| 十四 | 《中国企业社会责任报告编写指南 3.0 之银行业指南》 | 中国民生银行股份有限公司 | 2015 年 5 月 |
| 十五 | 《中国企业社会责任报告编写指南 3.0 之电力供应业指南》 | 中国南方电网有限责任公司 | 2015 年 5 月 |
| 十六 | 《中国企业社会责任报告编写指南 3.0 之医药业指南》 | 华润医药集团有限公司 | 2015 年 7 月 |
| 十七 | 《中国企业社会责任报告编写指南 3.0 之食品饮料业指南》 | 中国盐业总公司、内蒙古蒙牛乳业（集团）股份有限公司、雨润控股集团有限公司 | 2015 年 7 月 |
| 十八 | 《中国企业社会责任报告编写指南 3.0 之电子行业指南》 | 中国电子信息产业集团、三星中国投资有限公司 | 2015 年 7 月 |
| 十九 | 《中国企业社会责任报告编写指南 3.0 之特种装备业指南》 | 中国兵器工业集团公司、中国航空工业集团公司、中国电子科技集团公司、中国航天科工集团公司 | 2015 年 10 月 |

# 六、参考文献

## （一）国际社会责任标准与指南

［1］国际标准化组织（ISO）：《社会责任指南：ISO26000》，2010 年。

［2］全球报告倡议组织（Global Reporting Initiative，GRI）：《可持续发展报告指南（G4）》，2013 年。

［3］联合国全球契约组织：《全球契约十项原则》。

［4］国际审计与鉴证准则委员会：ISAE3000。

［5］Accountability：AA1000 原则标准（AA1000APS）、AA1000 审验标准（AA1000AS）和 AA1000 利益相关方参与标准（AA1000SES）。

［6］国际综合报告委员会（IIRC）：整合报告框架（2013）。

## （二）国家法律法规及政策文件

［7］《中华人民共和国宪法》及各修正案。

［8］《中华人民共和国公司法》。

[9]《中华人民共和国劳动法》。

[10]《中华人民共和国劳动合同法》。

[11]《中华人民共和国就业促进法》。

[12]《中华人民共和国社会保险法》。

[13]《中华人民共和国工会法》。

[14]《中华人民共和国妇女权益保障法》。

[15]《中华人民共和国未成年人保护法》。

[16]《中华人民共和国残疾人保障法》。

[17]《中华人民共和国安全生产法》。

[18]《中华人民共和国职业病防治法》。

[19]《中华人民共和国劳动争议调解仲裁法》。

[20]《中华人民共和国环境保护法》。

[21]《中华人民共和国水污染防治法》。

[22]《中华人民共和国大气污染防治法》。

[23]《中华人民共和国固体废物污染环境防治法》。

[24]《中华人民共和国环境噪声污染防治法》。

[25]《中华人民共和国水土保持法》。

[26]《中华人民共和国环境影响评价法》。

[27]《中华人民共和国清洁生产促进法》。

[28]《中华人民共和国节约能源法》。

[29]《中华人民共和国可再生能源法》。

[30]《中华人民共和国循环经济促进法》。

[31]《中华人民共和国产品质量法》。

[32]《中华人民共和国消费者权益保护法》。

[33]《中华人民共和国反不正当竞争法》。

[34]《中华人民共和国科学技术进步法》。

[35]《中华人民共和国反垄断法》。

[36]《中华人民共和国专利法》。

[37]《中华人民共和国商标法》。

[38]《集体合同规定》。

[39]《禁止使用童工规定》。

[40]《未成年工特殊保护规定》。

[41]《女职工劳动保护特别规定》。

[42]《残疾人就业条例》。

[43]《关于企业实行不定时工作制和综合计算工时工作制的审批方法》。

[44]《全国年节及纪念日放假办法》。

[45]《国务院关于职工工作时间的规定》。

[46]《最低工资规定》。

[47]《生产安全事故报告和调查处理条例》。

[48]《工伤保险条例》。

[49]《再生资源回收管理办法》。

[50]《消耗臭氧层物质管理条例》。

[51]《废弃电器电子产品回收处理管理条例》。

[52]《关于禁止商业贿赂行为的暂行规定》。

[53]《中央企业履行社会责任的指导意见》。

[54]《中央企业"十二五"和谐发展战略实施纲要》。

[55]《上海证券交易所上市公司环境信息披露指引》。

[56]《深圳证券交易所上市公司社会责任指引》。

[57]《中共中央关于全面深化改革若干重大问题的决定》。

[58]《促进仓储业健康发展的指导意见》。

[59]《服务业"十二五"发展规划》。

[60]《国民经济与社会发展第十二个五年规划纲要》。

[61]《国务院关于物流业健康发展的指导意见》。

[62]《粮油仓储管理办法》。

[63]《物流业发展中长期规划》。

[64]《商务部关于仓储业转型升级的指导意见》。

[65]《促进仓储业健康发展的指导意见》。

[66]《商务部关于促进物流企业转型发展的实施意见》。

[67]《2014-2015 年节能减排低碳发展行动方案》。

## (三) 社会责任研究文件

[68] 中国社会科学院经济学部企业社会责任研究中心：《中国企业社会责任报告编写指南（CASS–CSR 2.0)》，2011 年。

[69] 中国社会科学院经济学部企业社会责任研究中心：《中国企业社会责任报告评级标准 2013》，2013 年。

[70] 中国社会科学院经济学部企业社会责任研究中心：《中国企业社会责任研究报告 2009/2010/2011/2012/2013》，社会科学文献出版社。

[71] 中国社会科学院经济学部企业社会责任研究中心：《中国企业社会责任报告白皮书 2011/2012/2013》，经济管理出版社。

[72] 中国社会科学院经济学部企业社会责任研究中心：《企业社会责任基础教材》，经济管理出版社，2013 年。

[73] 彭华岗等：《企业社会责任管理体系研究》，经济管理出版社，2011 年。

[74] 国家电网公司《企业社会责任指标体系研究》课题组：《企业社会责任指标体系研究》，2009 年 3 月。

[75] 殷格非、李伟阳：《如何编制企业社会责任报告》，2008 年。

## (四) 企业社会责任报告

[76]《中国储备棉管理总公司 2013 年社会责任报告》。

[77]《中国储备粮管理总公司 2012–2013 年社会责任报告》。

[78]《中国华孚贸易发展集团公司 2011 年社会责任报告》。

[79]《中储发展股份有限公司 2013 年企业社会责任报告》。

[80]《中国外运长航 2013 企业社会责任报告》。

# 后 记

2009 年 12 月，中国社会科学院经济学部企业社会责任研究中心发布了中国第一份企业社会责任报告编写指南——《中国企业社会责任报告编写指南 (CASS-CSR1.0)》（简称《指南 1.0》）。为了增强《指南》的国际性、行业性和工具性，2010 年 9 月，中心正式启动了《指南 1.0》的修订工作，扩充行业、优化指标、更新案例。2011 年 3 月，《中国企业社会责任报告编写指南 (CASS-CSR2.0)》（简称《指南 2.0》）发布。《指南 2.0》发布后获得了企业广泛的应用，参考《指南 2.0》编写社会责任报告的企业数量由 2011 年的 60 家上升到 2013 年的 195 家。

作为分行业指南，《中国企业社会责任报告编写指南 3.0 之仓储业指南》的编制时间为 2014 年 7 月至 2015 年 1 月。期间，编写组奔赴中储棉总公司下属企业实地调研，征求一线生产管理人员的意见和建议。本书是集体智慧的结晶。全书由汪杰、赵建淑、徐晓宇、路浩玉、张宓等共同撰写。中储棉总公司总法律顾问刘华、中储棉盐城有限公司总经理王洪、中储棉总公司综合部副部长赵建淑、中储棉盐城有限公司办公室主任杨军等同志对指南提出了针对性的意见和建议；中储棉总公司综合部员工徐晓宇承担了第八章案例写作工作；在资料整理过程中，马燕等同志做出了重要贡献。全书由钟宏武审阅、修改和定稿。

《中国企业社会责任报告编写指南 (CASS-CSR3.0)》不断修订、完善，希望各行各业的专家学者、读者朋友不吝赐教，共同推动我国企业社会责任更好更快的发展。

编写组

2014 年 12 月